超人間観察

モンスターエンジン　西森洋一

まえがき

「中に電池入ってんの?」ってぐらい、ドギついピンクでしょ?
認識のしやすさ……ほぼ「浮き」。

そんな本を手にとっていただき、ありがとう御座います。

「この本は、笑っていただく為に書いた日記です。」

この本を、きゃりーぱみゅぱみゅの部屋に放り投げたら、すぐ見失いそう。

目立つ為には、色をこうするしか無かったのです。
ライフジャケットの考え方ですね。

電車などで読んだら……
「あの人、小さいライフジャケットずっと見てはるけど、どういうこと?」

と、なると思います。申し訳御座いません。

ここでブックカバー禁止令が発動されました。
是非、本屋のブックカバーなしで、宜しくお願いします。

お気付きでしょうが、まえがきの部分は……
「この本は、笑っていただく為に書いた日記です。」の、この一文だけです。
あとは、規定の文字数を埋める作業に専念しています。

表紙を二十秒ぐらい見続けた後、他の所を見たら緑に見えるよ。
シンディー・ローパーの部屋に放り投げても、見失うやろうなぁ。

では、お楽しみ下さい。

読書感想文をこの本で書いて「違う本で、やり直し!!」言われる人、出て欲しいなぁ。

目次

まえがき 002
交尾、出産、子育て 008
Ｓｕｉｃａ 013
盗難か？ 016
皮膚科 023
銀行 028
「何で？」 034
近所のおばあちゃん 039
ダメコンビニ 046
ソファーと格闘 052
たこあげ 060
免許 065
豆まき 071
エロ本 074
家で豆まき 078
充電器 080
結婚式 083
仁王立ち 086
カラオケ 088
絵 091
顔面神経麻痺 094
箕面温泉 099
日本のゴルフ 102

ムスメのうめき 104
センターマイク 106
一日の始まり 109
師匠 112
ビンゴ 114
プールの先生 121
柵をはさみ 124
よし、役立った 126
お姉さんの写真 130
唯一の道具を失った人たち 136
ママと! 140
寿司屋 146
ダイナマン 147
喫茶店の便所 151
聞こえてきた 154
真横の調子乗り 158
ダイソン 163
初対面の稲田 168
誕生日プレゼント 170
忘れ物 176
リアルタイム日記 179
コードレス掃除機 185
習慣付け 189
ゴルフ 194
オッサン 199
若い女の子たちへ 203
内藤君 206
スーパーヒーロー 212
修学旅行 216
いつか来るその日のために 220

西さんへの手紙 222
「凪ちゃん」こと、渋谷凪咲さん 226
親知らず 229
ウンチ、オシッコ、オッサン 232
大きな穴 236
神様のネタ 238
続・西さんへの手紙 241
マウスピース 242
コンビニ行くよ～ 246
頭のつくりは、芸術家 249
カウンターの男 252
恒例行事 254
前の文言、全部イラン 259
長身のおじいちゃん 262
隣の楽屋 264
早上がりハスキー 265
アマゾンのおすすめ 270
自転車の鍵 272
アレルギー 275
学園祭 278
特技 281
写真撮影 288
このネタ、どう思う？ 290
プレゼント 296
河川敷 299
頂き物 304
親父のインタビュー 306
ＡＩ 309
土曜日 312
写メ会 316

回転寿司 318
炎上 325
ハゲネタ 326
抗議 328
病院の待合室 332
ユーチューブ 334
リスト 336
お金に対する執念 338
日本一位 344
パブリックビューイング 345
印税 352
ゲームセンター 354
ゆうさん 357
挨拶 358
マイニング 361
切れ味は抜群 366
匿名希望さん 368
林さんとの出会い 371
三歳の悩み 374
焼き魚 376
松ぼっくり 383
「え〜〜」 386
「白湯」みたいな工作には、興味がない 388
公園のおばあちゃん 392
上田歩武 393
どうでもいいこと 408
息子からの手紙 415
あとがき 420

交尾、出産、子育て

昼すぎ、ケーブルテレビを二歳息子と二人で観ていた。

息子は、動物が出てくる番組が大好きだ。

今日観たのは、色々な動物の「交尾、出産、子育て」ばかりの特集。

僕も比較的、好きだ。


しかし……三秒に一回のペースで、息子は質問をしてくる。


『これ何？』

「これは、卵や。　蛇の卵」

『蛇の卵？　これは蛇の卵なん？』

「そう、蛇の卵」

『これ何？』

「だから、蛇の卵やって。　中に赤ちゃん、おんねん」

『これ赤ちゃんなん？　蛇の赤ちゃん？』

「だから、そうやって、中から出てくるから」

『なんで？』

「蛇は、卵やねん」

『なんで？』

「知らんよ、ほら見て見て、出てくるで」

『う〜わ……これ、蛇？』

「だから、そうやって。言うてるやん」

『これ、どうしたん？』

「出てきてんねん」

『なんで？』

「卵から、産まれたの」

『う〜わ、これ、どうしたん？』

「産まれたんやん」

『これ、赤ちゃん？』

「そう、赤ちゃん。蛇の赤ちゃん」

『これ、蛇の赤ちゃん？』

「だから、そうやって。ほら見てみ！　赤ちゃんやのに、もう一人で、生きていくんやて」

『なんで？』

「蛇は産まれてすぐ、一人やねんて」

『これ、蛇の赤ちゃん？』

「だから、そうやって。言うてるやん」


時間を測ってみた。きっちり三十分間、質問してきてた。

休まず、ず〜っと、このペース。

きっちり三十分間、というか、そこで番組が終わっただけのこと。

続いていれば、ずっとだ。


蛇の後の「鹿」の時も酷かった。

今度は、「なぜ、蛇のように、一人ではないのだ？」といった内容の、質問の嵐。


『これは、ママ？』

「そうそう、横の大きいのが、鹿の赤ちゃんのママやな」

『なんでなん？』

「鹿は、みんなで生きていくねん」

『これは、パパ？』

「そうちゃうか」

『じゃあ、これ、あっくん？』

「ハイハイ、そうやな」

『これ、どうしたん？』

「みんなで暮してんねん」

『なんでなん？』

「弱いから。鹿とか、弱いのは、みんなで」

『蛇は？』

「蛇は一人」

『なんでなん？』

「強いから！　強いのは一人！　弱いのは、みんなで！」


三秒に一回の、ガトリングガン質問が終わった。

番組が終わって小一時間経ってから、聞いてみた。

「あっくんは、どっちや？　これから、一人で生きるんか？」

『……みんなで……』

「何でや？」

『……弱いから……』

子供のくせに、謙虚。二歳八ヶ月のくせに、冷静。

『あっくんは、一人でいけるも～～ん』みたいなのを、想像していた。

なのに、そこを、高倉健みたいな哀愁、漂わせて、『……弱いから……』

不器用ですから、という意味も含まれていると思う。

僕、それ聞いて、フリーザみたいな笑い方をしてしまった。

おやすみなさい。

Suica

日記をつけ出してから、奇妙な出来事が多くなっているように感じる。
些細《ささい》な奇妙から、大きな奇妙まで、様々な出来事が起こる。

最寄りの駅で、スイカのチャージをした。
何年か前は、イコカよりスイカの方が、守備範囲が広かった。
なので、その頃からのスイカを持ち続けている。

チャージするため、スイカを駅の券売機へ入れる…… 一万円入れる……
「一万円チャージする」を押す……「領収書あり」を押す……
スイカが戻る……はず……あれ？　戻ってこない。
ピーピーピーピー……と音は鳴っているが、戻ってこない。
いつもなら、一秒で戻る。

電車がホームに入る際の音楽が流れている。
早く戻してほしい。　イライラ。

トレイに置くだけのタイプもあるが、今、入れたのは、一旦、スイカ全部が中に入ってしまうタイプの券売機。中に入ったまま全く見えない。　音だけがピーピー鳴っている。駅員を呼ぼうか？　と思った矢先……音が鳴り止んだ。

直後……スイカが、「ビュ――――ン」と飛んで行った。
比喩ではなく、実際、飛んだ。

長い長いピーピーで、パワーを溜めていたかのように……
一メートル跳躍して地面に落ちた。

飛び出てきたので、空中でキャッチしようと咄嗟《とっさ》に手を出したが、スカった。
すぐ横で、小三ぐらいの少女と、お母さんが見ていた。

メッチャ恥ずかしい。少女が、ニタニタしながら、こっちを見ている。

無視、無視。

「いつもこうなんですオーラ」全開で無視。

本当に飛び出た。嘘ではない。

ピーピーピーピーピーピーピーピーピーピー……

ビュー――――ン！

「おお……」地面に、ペタ。

少女、「ぷぷぷっ」お母さん、「なんで？」

僕、「知らん、知らん」

奇妙なことが、よく起こる。

おやすみなさい。

盗難か？

家で手入れをするため、車のトランク内のゴルフクラブを取りに、駐車場へ。
自宅には駐車場が無いため、近くのマンションの立体駐車場に停めている。

いつも通り暗証番号を押し、車を待つ。
《ガシャンガシャン》
中で観覧車のように回る音が聞こえる。

立体駐車場はたいがい、前向きのまま頭から突っ込んで停める。
そして、次に出すときまでに、中で勝手に180度回転させてくれていて……
出庫時は、スムーズに出すことができる。

でも、僕のところの立駐は、出そうと思い暗証番号を押すと……
その前に入れていた、一番下にある他人の車が、中で、ゆっくり時間をかけて、

180度回転する。
《ウィーン、ウィーン、カチャン、キュイーン》
それが終わると、観覧車のように回り出し……《ガシャンガシャン、ガシャンガシャン》
180度回すのは、空いてる時間に、先やっとけよ。毎回、思う。
要領の悪い機械だ。
《ガシャンガシャン》が終わり、一旦静まる。
一拍おいて、その後やっと扉が開く。《ウィーン》
真ん中から、縦に二つに割れて扉が開いた。
車……無かった。……空のトレイだけ。
直立の形のまま、手もつかずに倒れそうになった。
プロレスラーなら、職業病で倒れているだろう。

嫌な予感しかしない。

何度見ても、トレイだけ。
小さなネジでもあるまいし、何度見ても結果は同じ。
覆《くつがえ》ることはない。 トレイだけ。
定食を頼んで、お盆だけ来たようなもの。

盗まれたかも知れない。

地上から、上に並ぶ沢山の車を確認しようにも、トレイが邪魔でほとんど見えない。
僕のスプリンタートレノ、通称「86」は、外国なんかでも大人気だ。
盗まれたかも知れない。
外国人窃盗集団が、自分の86に乗っているところを想像してしまう。
口髭をはやした、スーパーマリオみたいな外国人が運転している。

鍵をピッキングして開け、乗り込むとき……
後部座席のチャイルドシートを見て、仲間と笑っている。二人組だ。

僕が、最後に乗ったのは、確か三日前。
もし、盗まれたなら、外国へ売り飛ばすため……もう、巨大輸送船の中だろう。

盗んだマリオが、密輸業者に86を引き渡す……
「金は後で、振り込む」的なことを業者が言う……
マリオが「ちょっと、ちょっと」と、業者を呼ぶ。
そして、スモークが貼られる後ろの窓に顔を近づけさせ、覗かせる。
マリオは、「なっ！　オモロイやろ！」的なことを言う。
業者は、笑いながらハイタッチ。

嫌な予感しかしない。

想像を振り切り、管理会社に電話。
「係りの者が、三十分後に向かいます」とのこと。

嫌な予感しかしない。一旦、家へ帰る。

何も手に付かない。

機械の故障であってくれ。願う。

そして業者から電話があり、僕は立駐へ。

僕が着くと……既に二人の作業員が作業していた。

「車種は、なんでしたっけ？」

『スプリンタートレノです……』

「はぁ……」

響いていない……分かってなさそう。

『86です。トヨタの』

返事なし。

『白と黒のツートンの、旧車です』

返事なし。

「大きい車ですか？」全く見当違いのことを聞かれた。
『小さいスポーツカーです』答える。
扉を閉めて、観覧車を《ガシャンガシャン》。
一旦、静まる……一拍おいて、扉が開く。
《ウィーン》

ＢＭＷ……。

違う、違う。ＢＭなら、初めからＢＭと言っている。
また、扉を閉めて、《ガシャンガシャン》。
一旦、静まる……一拍おいて、扉が開く。
《ウィーン》

トレイだけ。やはり盗まれたのか。

また《ガシャンガシャン》。扉が開く。

86。やった〜〜、あった〜〜。

叫ばなかったが、叫びたかった。

超……リアル……ガチャ。興奮度は、アプリのゲームのおよそ1000倍。

良かった。

アメリカに旅行に行ったとき、見知らぬ外国人が、僕の車でドリフトしているところまで、想像していた。

あって、良かった。

機械の故障だったようだ。

おやすみなさい。

皮膚科

水イボができた五歳ムスメを、皮膚科へ連れて行った。
水イボができたのは、これが二回目。
水イボは、プールなどで感染する、ごまサイズのイボだ。
ムスメの左脇辺りに、七個できた。

以前、病院でピンセットを使いイボを取ってもらったとき、とても痛かったらしく、ムスメはビビり倒していた。

あらかじめネットで調べ、違う病院をチョイス。
麻酔のテープを貼ってから除去する病院にした。
ビビるムスメに「全く痛くないから、行こう」と、嘘《うそ》力説。

全く痛くない治療などない……
と思いながらも、はっきりと「全く痛くないから」……そう言うしかない。

病院までの道中、本当に痛くないかの確認を何度もされた。
取り調べぐらい、しつこい。

最近は、このような事柄が多く……
『コイツ、三割ぐらいしか、ホンマのこと言わんなっ！』と思われているに違いない。

診察室に着き、先生に診てもらうと「すぐ取ろう」と言われた。
『麻酔は？』と聞くと、
「小さな子供はアレルギーが出る場合があるので、今は使っていない」とのこと。
「七個なら、一瞬で終わるよ」と、先生も力説。
四十代半ばの、眼力の強い男の先生だ。

どうしようか迷う僕が見えていないかのように、
ドンドン、おばちゃん看護師と、進めてゆく。
おばちゃん看護師の「大丈夫、大丈夫」の語気が強い。
ひとつも大丈夫ではなさそうだ。

ムスメも、しきりに「え、痛い？　痛いの？　イヤ！　イヤ！」と、空気感で「痛い治療が始まる」とすぐに察知。

こういうときの先生や看護師の口調ほど、子供にとって怖いものはない。大人の僕でも「絶対、痛くする前の、ふりやん」と思って怖い。

「この中には、誰もいませんから」ぐらい、バレバレ。
もしくは、
「なぜそのことを？」『今、お前が、全部言うたがな』ぐらい、バレバレ。

そして、「あ〜れ〜」みたいな感じで始まった。

でも、本当に一瞬で終わった。
一つのイボに一秒かかっていなかった。スピードが速すぎて呆気に取られる。

取った瞬間から、みるみる血が滲《にじ》み出て来たが、「わんこそば」の如く、おばちゃん看護師が保護テープを貼ってゆく。

そして、驚いたのが、ほとんど痛くなかったらしい。

ムスメも、治療が早すぎて、全て終わったかの確認を何度もする。

『終わったで』と、僕が言っても、「真実三割の男」だから信じてもらえない。

パーカーを着るよう促したところで、ようやく信じた。


そして、自転車の後ろへ乗せて帰宅。

ムスメにしてみれば、呆気ない治療だったようだ。

帰りの道中、ムスメは言った。


「あそこやったら、毎日、行ってもええわぁ」


やかましいわ！　何をえらそうに！　言わなかったが、強く思った。

言い方が、美味しい家庭料理を出す居酒屋を見つけたときの言い方。

「あそこやったら、毎日、行ってもええわぁ」


その言葉への、実際の僕の返しは……

「あそこやったら、毎日、行ってもええわぁ」

『いや、イボ無いのに、行ってもしゃーないやん……何も無いのに、先生も困るで！』

「フフフ」……笑《わろ》てた。


ツッコまれて笑う。ボケたのか？　もし、あれがボケなら恐ろしい。


家に着いた。ヨメに治療内容を報告する。

ムスメが、割って入る。

「全然、痛くなかったで、泣かへんかった。あそこやったら、毎日、行ってもええわぁ」

また言うた。さすがにヨメも笑っていた。


ウケると思い……その日、あと三回、言うてた。

おやすみなさい。

銀行

何かしら、大阪府から出る給付金。
それをもらう権利を証明するのが、今日のお仕事。お笑いの方は休み。
書類を拵《こしら》えるため、銀行へ行った。

家賃が毎月、引き落とされている通帳の記帳を、平成二十九年度分、全部コピーして、どっかに送る。
大雑把にまとめて記帳されている部分の、細かいものを出してもらいに行った。

トラブル発生。

ハンコが、その銀行に登録している物ではない、と言われ、軽くパニック。
軽パニ。

二十歳ぐらいのときに作った口座だから、ハンコがどこにあるやら。

今の実印とは違っているらしかった。

現在三十九歳……三十九の今、口座をつくった時のハンコ事情を思い出してみる。
無理、無理、無理。思い出せる訳ない。

持って行ったのは、今の実印だ。二十代半ばの女性の行員さんと揉めに揉めた。

ハンコの登録を、今の実印に変えてもらうことにした。
ややこしい手続きが、散々あった。住所も変わっている。それも手続き。

通帳の記帳をしてもらうだけで、時間が掛かりすぎだ。
最後の最後に「抜けている記帳の書類は二月十五日にできあがります」と、言われた。
待て～～、となった。遅すぎる。たかが記帳で二週間も！

給付金を管轄する施設へ、二月十六日までに出さないといけない。ギリギリすぎる。
結構な額の給付金。
もし何か一つでもミスがあれば、もらえない。

全てキャンセルして、
もともと銀行登録しているハンコを探しに、家へ戻る決断をした。
二十年ほど前に登録した、あるかも分からんハンコを求め、帰宅。
不安で仕方がない。

すぐに帰らせてもらえる、と思いきや。
散々、書きに書いた書類を破棄するので確認を、とのこと。

目の前で、これみよがしに破られた。
押印した箇所が真っ二つになるように、「前へ倣《なら》え」ぐらいの高さで破ってくる。

喧嘩を売っている人の、破り方。

新人漫画家の原稿を目の前で破る、ベテラン編集者。
完済した借金の借用書を破る、萬田銀次郎《まんだぎんじろう》。

ややこしい手続きばかりで色々揉めて、行員のおねえさんも僕も、素《す》が出まくっていた。

おねえさん、「いや、だから～」と、何度も言いかけていた。

「平成28年」と書かなければいけないところを、「平成29年」と書き間違い……

「29」の9を、8になるように、足りない部分をグニュっと付け足して書いたら……

「そんなんは、無理なんで」と、怒られた。

新しい用紙に書き直し。

ややこしい段取りで、おねえさんもイライラ出まくり。

そして「用紙ビリビリ」の儀式が終わった。

「俺にだけ、これ、してるんちゃうか」と、途中何度も思いながらも、最後まで見届けた。

急いで家へ帰る。

なんとか、見つけて、銀行へ戻った。

さっきと同じおねえさんが対応。

少し恥ずかしい。

今度は平和。スムーズ。追い風ガンガン。

お互い、イライラは無し。
すぐに手続きは終わった。

最後、おねえさんは立って僕に挨拶。
「良かったですね」的なことを言う空気が出ていた。
お互い、素を出しまくって揉めてからの、一件落着。
「良かったですね」みたいなことを言う空気がプンプン出ていた。

おねえさん、立って……
「ありがとうございました〜」全くの、赤の他人ですよ、と言わんばかりの、
あの、鼻にかかった、感情ゼロの……よく巷《ちまた》で聞く……
「ありがとうございました〜」

怖っ！　思わず、言いかけた。

イライラを表に出し合ってからの、一件落着。

分かり合えた感じがしたのに。


ガイダンスみたいな、「ありがとうございました〜」

コンビニでタバコだけ買った奴に言う、「ありがとうございました〜」

悲しかった。僕が独身なら、

「ややこしいことばかり言ってスイマセンでした、今度、ご飯でもご馳走させて下さい」と言うぐらいの出来事だった。

それを一喝する、

「ありがとうございました〜」

「登録しているハンコがどれかも分からんような奴は、二度と来るなよ」

そう聞こえた。


怖かった。

おやすみなさい。

「何で？」

休み。

午前十時。

五歳ムスメは幼稚園。ヨメは耳鼻科。なので二歳息子と、車で淀川の河川敷へ。

チャイルドシートを付け替えるという、一大イベントを成し遂《と》げに、河川敷へ。

今、付けている「小」と「中」の二つのうち、「小」を新しく買った「大」に取り替え、「中」と「大」にするのだ。

「河川敷行って、チャイルドシート替えようか〜！」

まるで、遊びかのように切り出すと、息子は大喜び。

河川敷の駐車場に到着。

息子は、遊びだと勘違いしているので……

駐車場でシートを取り替えているあいだ中、車のまわりを走ったり、右のドアから左のドアに通り抜けたり、トランクによじ登ったりと、忙《せわ》しがない。

ほぼ、小バエ。　顔見知りの、超デカイ、二足歩行の小バエ。


二十分経った辺りから怪しみ出したが、何とか乗り切った。

装着が終わったので、そこからは川沿いを歩くことにした。

導入が全く遊びではなかったので、川沿いを歩くだけで喜んでいた。

まんまと引っかかった。　たまに使う、僕の必殺技だ。


歩行中に何度も、「川にハマると死ぬから、気を付けろ」とすり込む。

すると、いつものアレが返って来る。

今度は、後攻で攻めて来る、二歳十一ヶ月の必殺技『何で〜〜？』が放たれる。


「パパの手を、離したらアカンで！」

『何で〜〜？』

「川にハマったら、死んでまうで」

『何で～～？』

「泳がれへんやん」

『泳がれへんから？』

「そう、だから、ハマったら死んでまうからな」

『ハマったら、死ぬの？』

「そやで……溺れて死んだらもう、パパにもママにも、お姉ちゃんにも、二度と会われへんで。嫌やろ？」

『うん』

「落ちんようにしてや！」

『何で～～？』


ふり～だし～～～～！


「分かった」と言うはずのところに「何で～？」が、グイッと割り込んでくる。

河川敷内に流れこんだ流木についても説明する。

「これは雨が降って、川の水がここまで溢《あふ》れてきて、運ばれてんで」

『何で〜〜？』

「水がここまで来てん」

『水が来て、海みたいになったん？』

「そう、海みたいになってん」

『何で〜〜？』


今、言い〜ました〜〜。ふりだし〜〜。


その後、河川敷の公園の砂場で遊ばせた。

『パパ〜、ここも雨降ったら海みたいになる〜？』

「なるで！」

『水が来て、海みたいになるの〜？』

「そうやな、海みたいになるなぁ」

『何で〜〜？』


自分から言う〜たのに〜〜。

『海みたいになるの〜?』と言われ、

「海みたいになるなぁ」と返してからは、もう無い。既に話は終わっている。

息子自身からの発信の罠のような「何で〜?」使い方が上手ぃ。

納得してもらえた、と安堵してからの「何で〜?」は、本当に引っくり返りそうになる。

その日は、そこから「何で〜?」の嵐だった。

おやすみなさい。

近所のおばあちゃん

報告があります。僕は一軒家に住んでいます。嘘では御座いません。
もう、一年半、経ちます。

三階建ての、一階が僕の部屋です。
一階には、風呂と便所と、その部屋しか御座いません。

今日は休み。
テンダラーの浜本さんとのゴルフが急遽、中止になり、前の日がラジオということもあって……朝、十時半ぐらいまで寝ていました。

一度起きて、二度寝をしようと試みましたが、それほど寝付けず。
ぼーっとしていると、声が聞こえました。

遠くの方からの……「誰か〜」ほぼ、幻聴のような、「誰か〜」

特に気にとめず……二度寝を試みました。

すると、また……

「誰か～、助けて～」

私が住む木造三階建ては壁が薄く、外の音は筒抜けです。

だから、「助けて～」という声に対し……

過敏になることもなく、ぼーっとしていました。

五回目の「助けて～」で布団から出て、立ち上がりました。

二階へ上がり、ヨメに報告しました。

ヨメは、ゴミを捨てるついでに表へ出て、様子をうかがうようです。

すると、『パパ～、ちょっと来て～』と呼ばれました。

出て行くと、家のすぐ前で……周りの民家のおばちゃん達が集まっていました。

トラブルのようです。

事情を聞くと、近所のある家と、その隣りの家との間に、おばあちゃんがいる、とのこと。しかも、この真冬に。

玄関側の道路から、見てみました。

家と家の間の、幅一メートルの通路の、外から入ってこられないようにするためのドア……の、上に……おばあちゃんが、のっていました。

自分では降りられず、「助けて～」と叫んでいたようです。

当然、鍵はドアの向こう側から、かかったままです。

バグったスーパーマリオみたいに、なっています。

非現実感、半端ない光景。

しかも……

地上から、二・五メートルはあるドアの上で……なぜか、正座をしています。
見えない向こう側に、トランポリンがあるのかも知れません。
僕が行くと、野生動物ばりに不安そうな目で見てきました。
長居する気は、なかったのでしょう、おばあちゃんは薄着です。
上下、パジャマのスウェット姿です。
あのまま放って置いたら、正座のまま力尽きて、落ちて大怪我、もしくは死亡。
小さい脚立《きゃたつ》が家にあったので、それを使い……僕が降ろすことに、なりました。
近付きます……全く信用していない目で、僕を見て来ます。
「写真で一言」なら、誰もが……
「どこの、どなたですか？」と吹き替えするでしょう。

そして、不思議なことに……
そのおばあちゃんは、僕の近所で暮らしていて、その通路のある家に住んでいるらしいのですが……一年半、住んでいて、見たのはこれが初めてという事実。

他の周りの人は、何度も見かけて、いつも挨拶をしています。
でも、このドアの上で正座するおばあちゃんは、これが初対面。

初対面史上……トップクラスのトリッキーさ。

一人、二・五メートルのドアの上。

一人、休みでゴルフのはずが、無くなった芸人。

僕は脚立に乗り、体勢を整えます。
整え切っていないのに、乗り移ろうとして来ました。
ゆっくり移動するよう、説明します。

左脇とお尻を持って、抱きかかえようとしました、すると……
二・五メートルの高さから、飛び降りて来ました。
さすがに「イラッ」ときました。

なんとか受け止め、無事、着地。
もう少しで、二人とも大怪我をするところでした。

しかし……ここで大きな、しかしです。
表のドアも、内側から鍵がかかっているので、おばあちゃんは家へ戻れません。

イラッとはしましたが……
僕が、おばあちゃんの家の裏手から、塀をよじ登り……
忍び込んで内側から、ドアを開けることになりました。
誰にも見られたくありません。 所作の一連は、ただの泥棒です。
見られたくないので、ジャッキー・チェンばりに飛び移りました。

そして、中へ。

毎日の日課のようなスピードで、中へ。

今日、初めて会った他人の家に、塀から忍び込むという、非現実。

ロールプレイングゲームで……

勝手に人の家に上がりこんだ時のドキドキの、およそ1000倍。

無事、解錠して、一件落着。

朝から濃すぎる一日でした。

おやすみなさい。

ダメコンビニ

悪い日記です。
どの道、何かの酷評を、月に一、二回は書くので、とことん書いてやろう、という回です。

夜、この日記にも、何回も出て来ているダメコンビニへ行った。

僕が思うに、日本一の、ダメコンビニ。今まで生きて来た中で、一番のダメコンビニ。
それが、最寄りのコンビニなのだ。夜中二時に大行列ができるダメコンビニ。
家からたった六十歩で着く、ダメコンビニ。
全員、研修中なのか？と思うほどの、ダメコンビニ。

この、ダメコンビニのせいで、他のコンビニへ行ったとき……
「店員、動きはやっ」と思ってしまう。それほどの、ダメコンビニ。

元の普通の感覚を返して下さい。

以前、インスタグラムに……このコンビニの、悪い日記を載せた。
女店長に、それを読まれた。探りを入れてこられた。怖かった。
そこからは、自粛していたが、また書きます。

夜、ビールなどを買いに行った。
新しいおばちゃんが、雇われていた。初めて見る。
「うわぁ……」と思う。なぜか。それは、新しい人で敏腕が来たことが無いからだ。
大行列に並びながら、様子をうかがう。
太極拳を、スロー再生してるぐらい、動きが遅い。
このコンビニには、普通以下の速度の人間しかいない。
普通の速度で最速なのだ。後付けでターボを付けてやりたい。
おばちゃんは、研修中だと思われる。しかし、こちらには研修中か否かは、関係のない話。
ただの、捨て時間。
見知らぬオッサンが、鼻くそをほじっているのを、観察するのと同じ時間。
全ての、あらゆる所で、研修中に出くわせば、時間がいくらあっても足りない。

太極拳おばちゃんは、レジでお客さんを待たせ、たびたびフリーズ。
脚色ゼロで、完全にピタッと、止まる。そして、メモをじっくり見る。
戦国時代だったら……初陣《ういじん》で戦闘中に巻物《まきもの》読み出し、二秒で即死。

行列を消化し、やっと僕の番が来た。
350ミリリットルのビール2本と、ライターと、歯磨き粉を、置く。
そして、タバコも頼んだ。

「未成年じゃないか」と問われた。そんな訳ない。
僕は来年四十歳だ。太極拳は目が腐っている。目が綺麗に腐っている。
ゆっくりゆっくり動いて……ゆっくり僕を見て、大間違いしてきた。

匍匐《ほふく》前進で、壁に頭をぶつけるタイプ。

これに関しては、研修中も、くそもない。
他人が大体、何歳かなんて……普通に生きていれば分かること。
この方程式でいくと、太極拳おばちゃんに、高校野球とプロ野球の区別は、つかない。

イラッと来て……『大丈夫ですから』と、遮《さえぎ》った。
すると、太極拳は、「はい」言うて、ピッピッし始めた。

これは、間違った行為だ。自分が疑ったなら、最後までやり通すのが筋。
例え、おじいちゃん相手でもだ。
『大丈夫ですから』の、一言でＯＫなら、初めから聞かなくて良い。
そう思うと余計に腹が立つ。また捨て時間。

今日、初めて、ここに来たのであれば、ここまでは怒っていない。
どうやったら、こんな人材ばかり集まるのか？　と腹が立つのだ。

逆トーナメントで勝ち抜いた人材が集まっているコンビニ。

そして太極拳は、350ミリリットルのビール2本と、タバコと、ライターと、歯磨き粉を、ピッピッピッし終えた。

そして、聞いてきた……

「このままで、よろしいですか？」

ええ訳ない。袋が要《い》るに決まっている。

目が腐っている。太極拳は、綺麗に目が腐っている。

誰がこの量を、手で持って帰るというのだ。

見れば分かる、僕は手ぶらだ。エコバッグも持っていない。

これも、研修中とは関係ない。誰でも分かる。

だから、行列ができていたのだ。いらん工程だらけだったのだ。

老《ふ》けた人に、未成年ではないか？と、毎回、確認し……

結構な量の買い物をした人にも、毎回……

「このままで、よろしいですか？」言うて、一旦止まる。

僕に聞いたときも、太極拳は一旦止まって、「気を付け」のまま、

「さぁ、持ってゆきなさい」て、感じだった。

『入れて下さいっ！』と、強めに言ってしまった。

最後、太極拳は……「また、お越し下さい」言うてた。

お前が言うな！　思ってしまう。

この調子だと、また……店員が客に、胸倉を掴まれる事件が起こりそう。

悪い日記でした。

おやすみなさい。

ソファーと格闘

リビングのソファーが、ボロボロだ。
綿生地のカバーを掛けてはいるが、中はボロボロ。
レントゲンを撮って初めて分かる虫歯のように、中はボロボロ。
安物の合革が、破れまくっている。

ヨメとの協議の末……捨てることになった。

だが、しかし、デカイ。
品質の粗悪さを補うために「せめて大きさだけは」とデカくしたような、デザイン。
デカい「インスタント焼きそば」みたいな考え方の、ソファー。

リビングは二階にある。
引っ越しの際は、業者が二階の窓からソファーを入れていた。
しかも、窓ガラスを外して入れていた。

今日、その「インスタント焼きそばソファー」を捨てる。
ムスメは幼稚園、息子は昼寝。今しかない。

ヨメと二人で悩む。
窓を外す、という工程が面倒くさすぎて、やりたくない。
お互い合意した。

普通に階段から出すことになった。二人で抱える。

ガッチリ階段入り口で挟まった。

薄々は分かっていた。
あのエジソンでも、「それは失敗するで」言うてたはず。
宮大工の組み木ぐらい、ソファーがピタっと、階段入り口に嵌《け》め込まれた。
もう、一階側にいた僕以外……誰一人として、外へ出ることは不可能。

ガンガン叩いて、外した。
「もう、イランし！」思いながら、ガンガン叩いた。

窓ガラスを外し、二階から作戦……それしかない。
しかし、シロウト二人で下ろせる自信なし。

また悩む。
とりあえず、窓ガラスを外すことになった。当然、僕の仕事。これがまた厄介。
襖《ふすま》のように外すはずだが、外れない。
両サイドの下側にネジがある。ゆるめてみる。
何かが動いたような。
もう一度、観察しながら締め直す。
窓のスライド面の高さが……ごくごく僅《わず》かだが、上がった。
僕は、これで構造を理解した。自分でも逆に呆れる。
得意すぎる。
一度ネジをゆるめて締め直しただけで、構造を理解。

これは本当に、自慢したい。

ガバガバの状態で、襖のように嵌めてから……

後でこのネジを締めることにより、内側から縦方向の全長を伸ばして、突っ張らせる仕組みだ。

それを、瞬時に理解した。

「なるほど、スマートな仕組みだなぁ」とまで思った。

鉄工所生活、ありがとう。

「なるほど～」言いながら外した。

大変、静かな静かな、ファインプレーだ。

玄人《くろうと》が好むファインプレー。

僕の静かな超ファインプレーに対して、ヨメの反応は……無、そのもの。

新幹線の中から、馴染みのない景色を見るときの顔。

だから、自分でも言っておいた。

「これは、むずいで。普通なら無理」

チラッとヨメを見る。……次の作業に移ろうとしている。

胴上げしてほしかった。

「外れた〜、外れた〜」と、胴上げしてほしかった。

説明しても、どうせ分からないので、僕も作業を進める。

なんとなく始めたが……どう考えても、ソファーにくりつけるロープが要る。

もし無ければ、窓ガラスを外しただけで、作業は終わり。

でないと、「やっぱり、窓ガラス無かったら、寒いなぁ」言うて、終わり。

恐る恐る、尋ねる。

「やばい……ロープって、あったっけ?」

『あるでっ！』
威勢のいい、『あるでっ！』が返ってきた。
このソファーの為だけに存在するような、ロープが出てきた。

でも自信がない。
ロープありで男二人なら、ギリギリいける。
しかし、小柄なヨメとのタッグでは自信がない。
上からの、ぶら下げ作業も、下での受け取り作業も、かなりの腕力と背丈がいる。
ブツブツと弱音を吐いていると、ヨメが言った。

『二階から投げたら、ええんちゃう？』

ええ訳ない。

「ド〜ン、ゴロ〜ン」向かいの古い一軒家に「ガシャーン」

絶対に、そうなる。

ソファーに自我があり……自ら踏ん張ってくれても、絶対にガシャーンってなる。

ガシャーンとなって、「ご主人様～、スイマセ～ン」と聞こえてきて終わりだ。


僕は、上からの、ぶら下げ作業を開始した。

窓枠からシーソーのようにして、ソファーを半分だけ外へ出した。

そのまま交代してヨメに持ってもらい、僕は外へ走る。

下から受け取ることにする。

でも、よく考えると……シーソーの状態からヨメが、一旦ソファーを持ち上げ、一人でロープを掴み、ズリズリ下ろせるはずもなく……上からと、下からの、「ひとときの睨《にら》み合い」で終わった。


また上へ戻る。上下交代。

僕は、一人で下ろすことにした。


もしもの時のために、ヨメを避けさせた。

一人でロープを掴み、ゆっくり下ろす。

頼んでいないのに、下で受け取ろうとするヨメに何度も、
「どいて！　どいて！」と叫び、一人で下ろした。
いけた。呆気なく、いけた。
いけた。いけた。お終い。
おやすみなさい。

たこあげ

休み。二人の子供と、凧上《たこ》げをすることになった。当然、僕発信ではない。

今日は大変、寒い。極寒。家にいたい。

誰でもいいから内側からは開けられないように、玄関のドアを、外から溶接してほしい。


午前十一時、自転車に三人乗りで、ホームセンターへ向かう。

買いに行く途中で、雪がチラついて来た。


空気読めや！　空に思う。

最悪のタイミングでの初雪。

中止にしたい旨を子供たちに伝えるが、即、却下された。

やんわり、何度か試みたが、全て却下。

その都度、スマッシュみたいな却下が、返ってくる。

ただでは帰らんぞ！　と思い、皿と一緒に切れていたトイレットペーパーと、新しいフライパンを買ってやった。

荷物だらけになり、子供ら二人とも、乗るところがF－1ぐらい、キツキツ。

僕は、ホームセンターへ行く前から、子供二人に対し皿は一つ、と決めていた。

売り場へ着くと、プリキュアと仮面ライダービルド……きっちり、両方がラインナップ。

二歳息子は、仮面ライダー。五歳ムスメは、プリキュア。

どちらか一つにする、と伝えたが、『朝まで生テレビ』ぐらい揉めだしたので、両方、買うことに。


空気読めや！　思う。

無地のやつだけ置いとけ！　思う。

二つで千五百円。高いのか安いのか、分からん。

そして、いざ公園へ。

極寒の中で、凧を組み立てる。冬場のＪＡＦの人らも大変だろうな……などと思いながら、とりあえずプリキュアを完成させた。

僕より薄着な子供二人は、既に震えていた。


先行、ムスメの凧上げ。

ムスメは、楽しいのと寒すぎるのが相殺して、ちょうど「無」の状態で上げていた。

子供はよく、この「無」の状態になる。

マネキンが凧上げしてるようだ。

たまたま手に糸が引っかかっているだけの上げ方。

子供らしいパフォーマンス、ゼロ。

すぐに仮面ライダーの凧も、組み上げにかかる。

これまた「無」の表情で見つめる息子。

そして、震えながら呟いた。

「さ、寒い……帰る……」

さすがにデカい声で「えっ!!」ってなった。
まだ着いて、十五分しか経っていない。
しかも、仮面ライダーの凧は、組み上がってもなければ、上げてもいない。
その状況での「帰る」。信じられへん。
しかも、ムスメが帰ることを快諾するとは思えない。

一番厄介なパターンになってしまった。
一応、ムスメに帰る方向で考えていることを伝えた。

「うん、帰ろう!!」……快諾!!

準備にかかった時間と、本番の時間の兼ね合いが、ラジコンの充電池。
一晩充電して、走行時間十分。ほとんど、それ。
いざ来てしまえば、「一回は上げて帰れよ」と思ってしまう。

だが快諾すぎて……仕方なく帰り支度。


自転車で、家までは十分ほどの道のり。

走っていると……何やら前に乗る息子の様子がおかしい。

頭がグラングランしだした。

覗き込み、様子をうかがうと……寝かけていた。

震えるほど寒がっていた人間が、今、寝ようとしている。

これはまずい。凍死してしまう。


「寝るな〜、死ぬぞ〜」と、叫びながら帰った。

人目も気にせず……「寝るな〜、死ぬぞ〜」……かなり、焦った。

まさか自分の人生の中で、「寝るな〜、死ぬぞ〜」と言う日が来るとは、思っていなかった。


家に着くと、凧の件は無かったかのように、いつも通りオモチャで遊んでいた。

おやすみなさい。

免許

今月の、悪い日記。

毎月、どこかの何かに対し酷評を書くので、どうせなら、とことん書こう、というコーナーです。

今月の、悪い日記。


免許の切り替えで、教習所へ行った。違反したため、二時間の講習があった。

どうせ暇だろうと思い、ノートを持って行った。

ネタを書くためではない。

講習の内容を書き留めるためだ。日記に書く気、満々で行ったのだ。

何年か前の切り替え時の講習で、超不謹慎な発言を繰り返す講師がいたので、今回もあるかもと思い、ノートを持参。

また、リアルタイム日記になっている。

周りの人からすると、

「なんやコイツ、真面目すぎるやろ！　言われたことメモしてるやん！　気持ち悪！」

と、なったはず。

実際、隣りに座る、同い年ぐらいの、
ＥＸＩＬＥとチンピラの間ぐらいの男が、ずっとジロジロ見てきていた。

今回の講師は、睡眠誘発剤みたいな語り口の、六十歳ぐらいのおじさんだ。

「携帯を見たり、居眠りされては、困ります」と言っている。

じゃあまず、その優しい喋り方をやめてくれ！　言いたい。

始まった。その都度、書き留めていきます。

飲食禁止……言うてる。フタ付きのペットボトルなどは可……言うてる。

後に、付け足した。

「もし、フタのない缶コーヒーなどをこぼされますと、それはもう大変なことになります」

拭いたら、ええし。大袈裟。

何でも交通事故みたいに言ってしまう癖なのかも知れない。


二時間の流れの説明してる。

「それが終わりましたら、次にディービーディーを観てもらいます」言うた。

六十歳のくせに、ディービーディー。

デーブイデーではなく、ディービーディー。めっちゃ気になる。


四十分ほど経ちました。

ディービーディーおじさん、急にフランクに、なんか言うてます。

「少し疲れましたかね、じゃあ皆さん、肩をまわしましょう」

イラン、イラン。早く終わってほしい。まわしたかったら勝手にまわします。

その後、付け足してた。

「ゆっくり肩をまわして、リラックスして。皆さんリラックスです」

受講する側の誰が今、緊張するんや！　リラックスは、アンタや！

そして今また、ディービーディーを観させられています。

何枚あるか、先に言うてほしい。


ＶＴＲに、ジャージ姿の男の人が出てきた。

「皆さんも、安全運転に努めましょう」

言うてるのは、水泳選手の瀬戸大也選手。　何の関係があるのか。　全然イラン。

これにお金使っているとしたら、ドン引き。


ＶＴＲの締めくくりにも、また出てきた。

「僕たちも、ルールを守って水泳をしています、皆さんも交通ルールを守りましょう」

引っ掛かり、うす～。　全然イラン。　お金の無駄遣い。


一時間十分経って休憩。　タバコ吸って戻ってきました。


講習再開時、ディービーディーおじさんが言う。

「戻って来てない方は、いらっしゃいますか？」

戻って来てる奴に、聞くな！

「戻って来てない方は？」

だから、戻って来てる奴に、聞くな！

「まわり見て、いない人に気づいた方は？」

初めから、そう聞け。というか、そんな時間を守らん奴は知らん。

守ってる方を待たすな！


まだ言うてる。

「たまに、違う部屋、戻ってる方が、いらっしゃいましてね」

だから、戻ってきている我々に、その話をするな！

「前も、違う階に行った方がいまして、最後の免許の受け渡しができなかったことがあります」

しつこいなぁ……俺たちは今！　ここに居る！　おらん奴は、放っとけよ。

ほんで、そんな……さっきまでいた部屋を間違う奴に、免許の更新さすな！

そんなオッチョコチョイ、事故る可能性大やぞ！

そして、何やかんやで、やっと終わった。一時間で済む内容だった。

年に一回、更新のときは、ノートを持って行くことにします。
悪い日記でした。
おやすみなさい。

豆まき

奈良の山奥の神社で、豆まきのお仕事。
色んな仕事があるものだ。

漫才やって、ひと通り終わって、出演者みんなで、デカイデカイ台の上から豆まき。

ニュースなんかでたまに見る、あの感じです。

僕らが投げる豆に人が群がっていた。ドン引き。
たかが豆に、人が群がり……奪い合っていた。

『ウォーキング・デッド』を思い出した。
ゾンビ、丸出し。
境内に集まった、肌ツヤの良いゾンビ。健康優良ゾンビ集団。
１０００ゾンビ程いた。

「こっちも〜〜」「こっち、こっち〜〜」

至る所から、聞こえてくる断末魔。
みんな普通に言うているのだが、僕には「体が半分腐った人間」が何とか振り絞った、小さな声での、
「こっちも〜〜」「こっち、こっち〜〜」に聞こえる。

なぜ、そんなに欲しいの？　……一人一人に聞きたくなる程の奪い合い。

『北斗の拳』を、思い出した。

一かけらのパンの配給を、奪い合う村人たち。

怖かった。　豆をまけばまくほど、こちらの顔は素になってゆく。
病院の待合室にいるときみたいな顔で豆をまいた。

そしてまた、用意されている豆の多いこと。

まけど、まけど、減らない。
まさか、真冬に汗をかくとは思わなかった。

同じ出演者に、大木こだま・ひびき師匠もいた。
こだま師匠は、後半、飽きてきたのか……フルスイングで豆を投げていた。
そして……「思いっきり、投げたった」と、笑っていた。
近くにいた若手全員で……「師匠〜、やりすぎです」と、なだめた。

ザトペック投法だった。　綺麗なザトペック投法だった。

六十代後半のザトペック投法。　レア。
自分のおじいちゃんが、こだま師匠なら楽しそうだ。

おやすみなさい。

エロ本

ブラックマヨネーズ小杉さん主催の、「小杉ライブ」だった。

打ち上げで、あれやこれや喋っていると、いつの間にかエロ本の話に。

そこで、中一のときのことを思い出し、僕は大興奮。

気が付くと、全員に向けて、大きい声でエロ本の話をしていた。


中一のとき、休みの日に友達と三人で家の近所をウロウロし、落ちているエロ本を探していた。

今、考えると幼稚な中一だ。そして、滅茶苦茶アホ。

「今日は、それだけに時間をさこう」と、三人で話し合い、組織的に捜索した。

組織力のあるアホ。


たいがい見つかるのは、雨でヨレヨレか、カチカチのエロ本。
二、三時間探したが、綺麗な使い物になるエロ本は見つからない。

近所の巨大な公園を、三人でウロウロ。

水色の丸い大きな、巷《ちまた》でよく見かけるポリバケツを発見。丸いフタ付きのやつだ。

もしここに、エロ本が満タン、入っていたら。

宝くじを買うときぐらいの低い期待度で、夢を買うつもりで開ける。

パカッ、とした。

フタのすぐ下まで……びっしり……エロ本が入っていた。

「うお～～～～」ハンマー投げぐらい、声が出た。

三人で何度も、「うお～～～～」

その辺りだけ、戦国時代。

推定70冊。しかも、劣化なしフタ付き保管。「事故歴なし、屋内保管」みたいだ。

「あったら、いいのになぁ」が、三秒後、現実に。信じられなかった。
もうすぐ四十歳だが、今までで一番の「うお〜」だったかも知れない。
ドラえもん級の、夢の叶い方だ。

♪そらをじゆうに　とびたいな〜
♪ハイ！　タケコプター〜〜

のところが、

♪こん中にびっしり　あったらなぁ〜
♪ハイ！　入るだけ〜〜

となった。

三人で、「凄い、凄い」言いながら持ち運び、公園のテーブルへ。
市場の競《せ》りみたいな活気で、エロ本を分けた。活気はあるが、ケンカしなくて済む量。

非常に助かる。

「じゃあ俺、これええかなぁ」

『あっ、全然全然、どうぞどうぞ』

みたいな感じ。中学生臭ゼロ。三人以外の、そこにいなかった友達にもあげた。

僕は、「下着が股間に食い込んでるもの」を、メインに持って帰った。

後日、僕の家に来た戦友が、その偏ったチョイスのエロ本に気付き……

結局、そのことで五年間ほど、イジられ続けた。

「うお〜〜〜」

今、思い出しても、ほんの少しテンションが上がる。

おやすみなさい。

家で豆まき

香川県へ営業。漫才二回。
疲れて家に帰って、すぐ節分の豆まき。
僕が鬼役。お父さんがする義務はない。ヨメでも良いはず。
だが……問答無用で、僕がやることになった。

ヨメが、豆をザトペック投法で投げてきた。

非常に、イラっときた。お前は、こだま師匠か！　言いたかった。

息子は、寝てしまったらしく、ムスメとヨメ、二人が投げてきた。
ムスメにも、言いたかった。「明日から、無視すなよ！」　言いたかった。
今の、その「キャーキャー」言うてるテンションで、「行ってらっしゃい」言えよ。
言いたかった。

実際は、「ガオ〜〜」としか言わなかった。
ええ大人が、帰宅してすぐ「ガオ〜〜」バカバカしい。

以前見た光景。
漫才劇場の舞台袖で出番を待っている間に、居眠りしてしまった、プリマ旦那《だんな》の野村。
プリマ旦那の出囃子《でばやし》が鳴り始めて、その音で、ビックリしながら野村は飛び起きた。
そして、起きて一秒も経たないうちに、走り出し……そのままセンターマイク前へ。
起きてから、十秒も経っていない野村からの喋り出し……
「いや〜、どうも、沢山のお運びで〜」

やかましいわ。
今の今まで寝てた奴が……「いや〜、どうも、沢山のお運びで〜」
やかましいわ。思わずには、いられない。

仕事から帰宅してすぐの「ガオ〜〜」やかましいわ。これも、同じ。

おやすみなさい。

充電器

うちのヨメは、パートをしている。

自宅から心斎橋《しんさいばし》辺りまでの、結構な距離を片道三十分ほどかけて、自転車通勤している。

夕食時……「最近、電動自転車のバッテリーの減りが早い」と嘆いていた。


ここからは、その後のヨメの話を、ヨメ目線で書いておきます。

ヨメは、標準語寄りの方言です。


この日の朝、出かけしなに、バッテリー残量を見ると、40％だったの。

40％では、往復できない……どうしたものかと思ったわ。

電動自転車は充電が切れると、砂漠で走っているぐらい、ペダルが重くなるじゃない！

仕方なく、パート先で充電させてもらうためにデカい充電器を鞄に忍ばせ、出勤したの。

一応、後ろめたさを拭うために、他の従業員に確認を取ったわ。

「充電をしても大丈夫？」と確認を取ると、周りのみんなからもゴーサインが出たの。各々《おのおの》、勝手にやっていたとのことでした。

それを受けて……私が小さめのリュックから、広辞苑サイズの充電器を出したのよ。

みんなは、てっきり携帯電話の充電器だと思っていたらしく……

めちゃくちゃ引いていたわ。

まさかリュックから、そんなデカいサイズの充電器が出てくるとは、誰も思っていなかったみたいなの。

恥ずかしかったわ。携帯の充電なら、携帯の充電と言ってほしかったわ。

しかも、私のリュックはとても小さいの。

その小さなリュックから、デカい充電器。充電器以外、ほとんど何も入らなかったわ。

恥ずかしかったわ。先に言ってくれれば良かったのに。

ヨメのエピソードトークのクオリティが、比較的、高い。
これぐらいを、月に五回してくれたら、助かるなぁ……。

おやすみなさい。

結婚式

藤崎マーケットの、田崎の結婚式へ行った。


最近の結婚式は、洒落ている。

今回の披露宴の始まりでは、二人が登場するであろう扉にプロジェクションマッピングが施され、春夏秋冬がCGで描かれた。

それが終わり、その扉から二人が登場。幻想的な幕開け。素晴らしかった。


でも僕は知っている。結婚式は面倒臭い。

何が面倒臭いって、事前に決めることが多すぎるのだ。


披露宴の各テーブルのテーブルクロスを選ぶだけでも、何十種類もある中から選ぶのだ。

大変、苦痛なのだ。

テーブルクロスなんて、掛かってたら何でもいいのだ。

暴走族の旗でもいい。

そのテーブルの上のお花も、何十種類もあるのだ。嫌がらせなほどの品揃え。
僕みたいな新郎からすれば……お花なんて何でもいいのだ。
大きいブロッコリーでいい。

全部の項目を……二択にしてほしいのだ。

誰をどこの席にして、誰と誰は近くの方が良いから、など、ノイローゼになりかけるのだ。

来た奴から勝手に座れ！　言いたい。
入り口に、新郎新婦の似顔絵なんて飾らず……でかい字で「自由席」と飾りたい。
「喫煙可」とも、飾りたい。

式で出す料理が安価だと見すぼらしいし、ボッタくってると思われるから、このぐらいかなぁ、とか……どうでもいいのだ。

真ん中にデカイ鍋で、豚汁だけ置いておけ。
電子ジャーと、茶碗だけ横に並べて、勝手に食えばいい。
キャンドルサービスのために、各テーブルに立っているローソク。
そのローソクのねじれ具合は、どれにしましょう?
と聞かれたときは、さすがに式場のスタッフに……
「それぐらい、お前が決め〜〜」言いそうに、なったのだ。

もう、ロケット花火でも、何でもいいのだ。

もう公園でいい。晴れた日に、公園ですればいい。
時間と場所だけ伝えて、真ん中に豚汁置いて、公園ですればいい。

決まりました。そうして下さい。

おやすみなさい。

仁王立ち

ちょっとした言い方で、印象は変わる。
て、に、を、は、などの付け方で、喋りの印象は変わる。

朝十時、仕事へ出かけようとしていた。
玄関で靴を履いていると、一階からの階段を上がりきったところに、先生登場。
息子だ。

玄関を入ってすぐに階段があり、二階を覗くことができる。

息子が、仁王立ちでこちらを見ている。
黒王号《こくおう》にまたがり、野盗を見下ろす「ケンシロウ」ぐらい、目もと、真っ黒。
逆光上等で立っている。93センチメートルが逆光上等で立っている。

いつものやつだ。
ヨメに促され、僕が今日「晩御飯が必要か」を、毎回、先生が聞いてくる。
なぜ毎回、息子に聞きに行かせるのかは分からないが、毎度の光景だ。
先生が、物理的にも僕を見下ろした状態で放つ。
「ご飯、いるか?」 口ぶり、オッサン。 えらい言いよう。
93センチメートルの、オッサン。
「ご飯、いるか?」の後に「今日も自転車やろ、気ぃつけぇよ」言うてきそうだった。
こういうのを積み立てしていって、四十年後ぐらいに、男はオッサンになる。
おやすみなさい。

カラオケ

松崎しげるに、今から会う。
いや、松崎しげるさんに、今から会う。
まだ、会っていない。
今から一時間後の、心斎橋のカラオケイベントで会うのだ。

一曲歌ってくれるらしい。
どんな感じだろう。『ルパン三世のテーマ』、歌ってほしい。
噂によると、
『ルパン三世のテーマ』は元々演奏だけの曲で、後から歌詞を付けたらしい。
でも、あの音域の声を出せる人がおらず……「もしかすると、松崎しげるさんなら」
となって、依頼されたらしい。噂の逸話。

「男には〜自分の〜世界が〜ある〜」
のところ聞きたい。特に……「男には〜」のところ。

声量すごそう。　鼓膜、ビリビリってなりそう。
鼓膜、ビリビリってなって、こびりついていた耳糞が「ポロッ」と取れそう。
近くに襖があったら、ガタガタってなりそう。
「地震か？　地震か？　……え？　松崎か！」ってなりそう。
小さい子供、泣きそう。　それ見て親が耳塞《ふさ》ぎそう。
「これはダメだわ！　帰りましょう」言いそう。
家帰ってから、そのお母さんが旦那に言いそう。
「甲子園より、うるさかったわ、本当に」
どうなるか……一旦、日記は中止して、今から向かいます。

本番を終えた。

イベントの内容は、シロート十名がカラオケの採点で競う、というもの。
95点以上がバンバン出て、みんなうまかった。

それが終わって、松崎しげるさん登場。
『愛のメモリー』を歌われた……82点だった。
無茶苦茶うまかったが、アレンジしすぎて、もう原型なかった。

本人も言っていた……
「90点以上、出たことないよ……もう四十年やってるからね、変わるよ」

松崎さん、ノリ良くて良い人だった。

あとは特に無し。

おやすみなさい。

絵

夜、子供らが、「絵の具で絵を描きたい」と言うのでやらせた。

言い出したときは、

「なんて、面倒くさいことを言うのだ」と思ったが、仕方なくやらせた。

ヨメにも確認を取り、承諾されたので用意する。

ヨメは、「私は一切、責任を負いません」的なことを言っていた。

新聞紙を、テーブルや床に敷きまくって、防御した。

引っ越し出来るぐらい、養生《ようじょう》。

子供という生き物は、感性だけで生きているので、よけいなことは何ひとつ教えなくていい……と、テレビか何かで、聞いたことがある。

なので、何も教えず自由にやらせた。

自由にやっていた。それは、それは、自由にやっていた。

五歳ムスメは、なかなかセンスがある。色鮮やかな芋虫を描き上げていた。

それに対し。二歳息子は……黒色ばかりを使う。

画用紙、一面が黒。でも、何も指摘せず見守った。

息子……二枚目を描き出す。またもや、一面真っ黒。

不安になって、思わず聞いてみた。

「これ……なに？」

集中しているのか、一回目は無視された。再度、尋ねる。

「これ……なに？」

息子、ゆっくりこちらに顔を向けて……

『見えないもの……』

芸術〰〰。黒で塗って、見えないもの！
芸術〰〰。でも、トリッキ〰〰。

おそろしい感性。

バカ笑い、してしまった。

おやすみなさい。

顔面神経麻痺

笑ってはいけないが、笑ってしまうときがある。
僕は、その項目のツマミが、《強》で設定されていて、
ヤニや油がこびりついて、何年間も《強》のままだ。

相方の大林《おおばやし》は、一ヶ月ほど前から顔面神経麻痺。顔の右側が動かない。
それ自体は、笑えるはずもなく、早く治ってほしい。
今現在、大林は笑うと、何かを企《たくら》んだような顔になる。

無表情にしていると、特になんてことはない。

しかし笑うと、世界征服をもくろむ顔に。
本人に野望は一切ないが、傍《はた》から見ると、そうなる。
「次、しくじったら、命は無いものと思え！」とか言いそう。
「あと一歩だ。あと一歩で、世界がこの私の手中に！」とか言いそう。

今日の一つ目の仕事は、祇園花月での漫才。

僕は楽屋で着替えていた。大林も着替えている。

そこへ、太った新喜劇の後輩座員が楽屋入りしてきた。

この太っちょ座員は、顔面神経麻痺のことを知らない。


そして、太っているのにも拘《かか》わらず……

皿によそわれたカレーライスがプリントされたパーカーを着ていた。


大林が、すかさずイジる。

「カレーの服、着てるやん！」

『そうなんです、即買いしました』

「いや、カレーの服て！」

『はい、食われへんけどまあええわ、言うて買いました』

「…………面白いやん」

『いや、思ってないでしょ』

「…………面白いやん」

大林が、少し嫌味なイジり方をしていた。太っちょ座員も、その都度返す。
『いや、その言い方は、面白くないときに言うやつですやん』
「…………面白いやん」
『いや、思ってないでしょ！　顔、歪《ゆが》んでますやん!!』
この座員は、顔面神経麻痺のことを知らない。
『いや、思ってないでしょ！　顔、歪んでますやん!!』
「ズブシュッッ」と、聞こえてもおかしくないほどの切れ味。
空気が張り詰める。
ことを知らない人間からの、どストレートな、病気への突っ込み。
よく研《と》がれた日本刀での『顔、歪んでますやん！』
大林の左側は笑っていたが、右は笑っていなかった。

そこへ、すかさず入る『顔、歪んでますやん！』
九割の人は、顔を見て即「何かおかしいぞ、病気かな」と気付く。
しかし、この後輩は、全く気付かず……
『顔、歪んでますやん！』まあまあ、大きい声で言うた。
笑ってはいけないが、笑いそうになる。
大林、「…………………病気やねん…………」普通に説明。
『え？　あ？　そうやったんですか？　え？　何でですか？』
「分からん」
『急にですか？』
言いながら二人は、喫煙所方面へ消えて行った。
遠目だが耳を傾ける。

太っちょ座員も、『顔、歪んでますやん！』と、失態を犯した手前、病気の状態を、興味もないのに聞いていた。

罪悪感からか、必要以上に質問をしている。

『顔、歪んでますやん！』のマイナスを、取り戻そうとしている。

心配しているふりを、思いっ切りバレながらも敢行。

接待病状質問。　接待病状質問をしている。

間違った自分の「尻拭い接待病状質問」。

笑ってはいけないが、どうしてもツマミが、なにせ《強》なもので……

ちょっとニヤけてしまった。

おやすみなさい。

箕面温泉

「ああ、温泉行きたいわぁ」……と、五歳ムスメ。

五歳の台詞ではない。遠くを眺めながら、ババァみたいな口ぶり。

以前、箕面《みのお》温泉へ連れて行ってからというもの、時折ババァになる。

なので、箕面温泉の営業でもらった「タダ券」で、今日行くことにした。

ヨメは体調が悪かったので、ご飯だけ。僕が二人ともを入れた。

湯船に浸かった小さな子供の「ああ～」は、何度聞いても笑ける。

「やかましいわ！」言いたくなる。

いっちょ前に、お湯に浸かり「ああ～」……「疲れ溜まって無いやろ！」言いたくなる。

いきなり、四十二度の温泉に入ってしまった。入ってから表示を見て気付く。
上の五歳ムスメは、顔を引きつらせながらも、一発で肩まで浸かった。
前の記憶で、「温泉は気持ちの良いものだ」とすり込まれているので……
一瞬、顔が鬼みたいにはなったが、鬼のままで、「気持ええわぁ」と呟いていた。
「嘘つけ〜」言いたかった。

徐々に、元の表情に戻っていくさまは、ラオウの死に際みたいだった。
憑《つ》き物が取れた顔。

二歳の息子は、というと……僕とお姉ちゃんが、すんなり入ったので……
自分も行ける、と思い込み、勢い良く足を入れた。
しかし、許容範囲を遥かに超えており、一人で「TVジョッキー熱湯風呂状態」。
二歳八ヶ月の、ダチョウ倶楽部。

学習能力は極めて低く……同じことを三回繰り返した。

「あっつ〜〜」と言いながら、風呂から飛び出て、太ももを擦《こす》る仕草は芸人そのもの。
そして外側から、湯船のへりに腰掛けた。 そして、黙って遠くを眺めていた。
「諦めるんかい！」 言いたかった。
その後といえば、六つほどある風呂に浸かっては移動し、の繰り返し。
一つの湯船には三十秒も滞在しない。 お風呂トライアスロン。 次々、移動する。
全く、ゆっくりすることなく帰宅。
帰ってから、夜……ヨメが子供ら二人をどちらが風呂に入れるか、聞いてきたので
……入る訳ないやろ！ と、キレておいた。
そして寝ました。
おやすみなさい。

日本のゴルフ

あるゴルフ雑誌で、ドライバーのスイングの特集をしていた。
ドライバーとは、一番初めに打つ、飛距離の出るゴルフクラブのことだ。

男子のプロゴルファーが、写真や図解入りで、
どのように打つと良いか、レッスンしているページがあった。

プロが「こう打て、ああ打て」と、色々コメントしている。

このようなプロゴルファーのレッスンの場合、
だいたいは、その選手のプロフィールが、ページの右下に小さく記されている。

『○○の大会で優勝、通算何勝、身長、体重』など。
そのプロフィールの一番下に……雑誌側からのコメントがあった。

「これからの課題は、ドライバー」
ハイッ、台無し。
「今、左上に写っている奴は、ドライバーが苦手だ」と、雑誌側が言っている。
大恥。じゃあ教えさせるなよ。
正気の人間が書くこととは思えない。教えさせといて……コイツは下手。
見開きのページの中で、上げ下げ。もう少し遠くに、離せないものか。
日本のゴルフは、迷走している。
おやすみなさい。

ムスメのうめき

舞台が終わり、家に着いて晩御飯。僕だけが、遅い時間に食べていた。

風呂から上がったムスメが、僕のおかずを食べたいと言い出した。

メニューは、牛肉のハラミを焼いたものだ。


少しあげた。

しかし、ムスメ……食べてすぐ呻《うめ》きだした。

「なに、なに？　どうした？」


『う、う、う～～』


出せ出せ、となった。　毒か？　毒を盛られたのか？　と、言わせるほどの呻き方。

「自分の茶碗の、米の上に出せ」と言うと、拒否された。

食べ終わった「おかずの空いた皿」を、指差している。

毒だからか？
毒だから、まだ食べる米の上には出せないのか？　と、言わせるほどの呻き方。
皿に肉を出した。
皿に肉を出して、苦しそうな顔をしながら……

『コゲ、コゲ』

大袈裟。　なんじゃそら。
肉が、ほんの少しだけ焦げていた。
大袈裟。

おやすみなさい。

センターマイク

ＮＧＫ、なんばグランド花月のセンターマイクは、高性能。マイク自体も高性能。システム自体も高性能。

舞台の床に、Ｂ５サイズの、観音開きの扉があるのさ。その扉がパカっと開いて、床の中からマイクがせり上がってくるシステムなんだぜ。

凄いだろ！　自動で、釣り竿《ざお》みたいに伸びるんだぜ。

コントのときは床の中で待機し、漫才の出囃子が鳴ると……スムーズな機械音とともに、床から出てくるんだ。

僕らは毎回、そのセンターマイクを使い、漫才をしているんだ。今日も、お笑いの聖地ＮＧＫで、エキサイティングに漫才さ。持ち時間は10分だ！

僕らのネタが始まって、5分経った頃……視界の片隅にあったマイクが……消えた。
なぜかマイクがひとりでに、下がっていったのさ。
そして、床の扉が「パカッ」と開いて、舞台の地面に、しまわれたんだ。
なぜかって？　知らないさ。　ネタはまだ半分も残っていたんだぜ。
でも、有無も言わさず、センターマイクが勝手に、「お先です～」
と、帰って行ったんだ。
生まれて初めての経験さ。　そりゃあそうさ、他で見たことがないもの。
たぶん、宝くじに当たるぐらいの確率だぜ。
あとで聞くと、機械の誤作動だった。
ビックリしたぜ。

床の中にしまわれて、一、二、三、四、五のタイミングで、また、せり上がって来たんだ。

ウケたさ！　そりゃあ、ウケたさ！

でも、その後のネタは、ウケなかったさ！
もう誰も、普通には見てくれなかったからさ！

ビックリしたぜ。

おやすみなさい。

一日の始まり

朝、七時十五分。「行ってきます」を言いに、リビングへ。今日は、寛平マラソンだ。

僕の部屋は一階。リビングは二階。ヨメと子供二人は、三階で寝ている。一軒家だからだ。

昨日は、土曜日ということもあり、子供らは遅くまで起きていた。

二階入り口の、扉を開ける前から、明らかに気配が無い。

まだ、誰も起きていないようだ。普段は、七時前には三人とも起きていて……

いつもは、なぜかその時間から、誰かが走っている。

誰かが、と、確定していないのは、僕は一階で寝ていて「うるさいなぁ」と毎回思っているだけで、実際には見たことがないからだ。

二階の扉を開けると、五歳ムスメだけが先に起きて、一人リビングにいた。

薄暗いリビングの端っこの、カーペットも届いていない、冷たいフローリングの上で、寒さに震えながら……iPadのゲームをしていた。

なんと哀しい、一日の始まりか……。

思わず、「どうしたんや？　一人か？」

と、迷子の子供に話しかける刑事みたいに、問いかけてしまった。

いつも「iPadばかりするな！」と、僕が指摘しているので、ムスメは背中側にiPadを隠した。まるで野良犬をかばう子供。そして、苦笑い。

親が共働きで、お金だけ渡され、毎日一人で晩御飯を食べる寂しい子供の空気を出している。

朝から、真っ黒の陰の空気が漂っている。

暖かいソファーの上に座らせ毛布をかけ、引き続きiPadをしたそうだったので、やらせた。

そして、僕は部屋を出た。出際に……
「行ってくるからな！」 声をかけるが、反応は無い。

親戚に引き取られた子供か!! なんやその哀しい空気感は!!

二日に一回は、遊んだってるやろ！ 三日に一回は、風呂入れてるやろ。
月二回は、がっちりレジャーに連れて行ってるやろ！
なんでそんな、単身赴任の中年みたいになってんねん。

どういうことやねん。

おやすみなさい。

師匠

奈良の営業が終わり、次はＮＧＫの出番。

二時間ほどの空き。　ＮＧＫのロビーで、西川きよし師匠に褒められた。

「昨日の夜、君が出てたアレ、面白かったわぁ」

『昨日ですか？』

「そう、自分一人で街ブラしてるやつ、面白かったわぁ」

『一人で、街ブラですか？』

「岡村と、なるみのやつかなぁ」

『「過ぎるＴＶ」ですね……』

「そうそう」

絶対、俺じゃない。　俺は、それには出ていない。

西森が一人で街ブラ？　需要がない。

そのあとに師匠……「君、ちょっと太ったなぁ」

俺は、太っていない。

六十二キロ前後を二十年キープしている。誰と間違っているのか？

おやすみなさい。

ビンゴ

ある会社の忘年会で漫才をするため、和歌山県へ。
ホテルの宴会場、円卓が八つ……五、六十人ぐらい。

漫才あと、ビンゴゲームの司会もした。
景品は、30個。
どの景品にも、同じ花柄の包装がされていた。

オーソドックスなビンゴだと、どんな景品があるか、事前に知らせる。
目玉の景品を、デカデカとプロジェクターで映したりして、盛り上げる。
でも……それらは無かった。
番号が振られただけの、同じ柄の景品が並ぶ。

始まった。 そして、五分後。

『ビンゴ～～～』

「おめでとうございます、出ました、最初のビンゴです……うわ～、結構大きな箱ですね～、それは、何ですか？」

その会社の、ビンゴ担当の人に聞くが……何も、返って来ない。

シーン……。

「何なんでしょうか？」

シーン……。

「おめでとうございます、何が当たったんでしょうねぇ？」

シーン……。関係なく続く。

『ビンゴ～～～』

「ビンゴです、おめでとうございます～、さあ、こちらで景品を、受け取って下さい。

中は何なんでしょうかねぇ～
「さっきより、ちょっと小さいですね、何なんでしょうか？」

シーン……。

「何、当たりました？」

シーン……。

「いや～、おめでとうございます……何かが、当たりました～」

『ビンゴ～～』
『ビンゴ～～～』
『ビンゴ～』
「おおっと、三人同時です。これは、どうしましょう？」
「あ、ジャンケンで……じゃあジャンケンしてもらいましょう……ハイ、最初はグー、ジャンケンホイ……ハイじゃあ、お姉さんが一番ですね………何でしょうねぇ～～」

「何か分からない物を、ジャンケンで勝ち取りました、おめでとうございます〜」

「あ、お兄さんも、おめでとうございます〜。ちっさ〜、それ小さいですね〜」

「小さい、何かが、当たりました〜」


『ビンゴ〜』

『ビンゴ〜〜』

二人同時に当たった。

おばちゃんと、おばあちゃんが、前に来た。

ジャンケンのはずだったが、おばちゃんが「どうぞ、どうぞ』と、おばあちゃんに譲った。

おばあちゃんも譲り返す。

何か分からない物の、譲り合い。

二人とも、譲り合いを中々やめない。

「中身を知っているのでは」というほど、長い長い譲り合いが続く。
「後の方が高価な物なのか？」と思わせるほど、長い長い譲り合い。
沢山の人を待たせ……何か分からない物の譲り合い。
埒《らち》が明かなくなって、結局ジャンケン。
おばあちゃんがジャンケンに勝ち、景品を受け取る。
負けていたら、何だったのかも分からないまま、
無の表情で景品持って、着席。
そして、何ひとつ箱の中身が分からないビンゴが終わった。
何か分からなかったが、みんな楽しそうだった。

でも、思う。

大小、様々な、「ただの箱」であってほしい。

思う。

家で開けて、ひっくり返ってほしい。

『箱だけ……』呟いてほしい。


次の日、会社で、言うてほしい。

『あ、ちょっと……俺のビンゴの景品……箱だけやってんけど……』

「ハイ、箱ですよ」

『え？』

「景品は、箱です」

『嘘つけよ、そんな訳ないやろ』

「いや、景品は、箱だけです……結構、大きい箱、当たってましたね〜、良かったですね〜」

『いや、いや……ダイソンの掃除機やろ？　それの箱やったから……中身をわざわざ抜いたんか？』

「ダイソンの箱だったんですか。一番良い箱じゃないですか」

『おちょくってんのか？　中身は？』

「僕なんて、何もプリントされてない、ただの箱でしたよ……ダイソンか〜、そんな良い箱もあったんやぁ」
『おい、中身は？　箱だけもらっても、しゃあないやろ！　おい、どこ行くねん！俺のダイソンは？　お〜い！』

って……なってほしい。

おやすみなさい。

プールの先生

夜、家族四人で焼き鳥屋へ。外では子供は比較的、静かだ。

家では毎日……子供たちは大変うるさい。毎日が牛追い祭り。目を見開いて、走り回っている。

そのくせして、食べているとき、水を自分で頼ませると、小さい声で、恥ずかしそうに「……お水下さい……」

内弁慶のツマミが《強》の設定に、なっている。

家では僕に対し、「このゴリラ、うるさいなぁ」と、バーリトゥード。でも外では、水もろくに頼めない。

焼き鳥をつまみながら、幼稚園とは別で週一回通っている、プール教室の話で盛り上がる。

ヨメとムスメが、盛り上がっている。

どうやらムスメには、お気に入りの先生がいるみたいだ。

ヨメが、質問で催促する。

「好きな先生が、おるんやんなぁ～？　どの先生が好きなんやったっけ？」

僕への当てつけのような聞き方。ムスメは特に何という感じでもない。

答えないムスメに、ヨメがしつこく催促の質問をする。

「言うたり、誰が好きなんやった？」

「木村」

呼び捨て。内弁慶のツマミ《強》。好きなはずなのに、呼び捨て。

ムスメはたぶん……プール教室では「木村先生～」言うてるはず。

でも、身内の間では、「木村」。女性は怖い。

家でも、僕がいないとき、色々言うてそう。

「あのゴリラ、今日も、かくれんぼ断る気、ちゃうやろうなぁ」

言うてそう。

「あいつ帰ってきたら、ゴルフチャンネルばっかり見よるからなぁ……

早く、ドラえもんの良さに気付けよなっ！」

言うてるかも。

「あいつ！　イオンで、メダルゲームやってるとき、すぐ本気になりよるやろ」

言うてそう。

「こないだの漫才番組のとき、あいつメッチャ緊張しとったやろ？」

言うてそう。

女性は怖い。

おやすみなさい。

柵をはさみ

ドラマのワンシーンみたいな喧嘩を見た。

新大阪の在来線の改札の、内と外を区切る柵をはさみ……

中年男性と、二十代半ばの男性が、激しく罵り合っていた。

人だかりが、できていた。

外にいるオジサンの方が「待たんかお前〜、出て来いコラ〜〜〜」

若い方も……「何じゃコラ〜〜」応戦する。

そして、若い方がオジサンの胸倉を掴んだ。今にも、殴り合いが始まりそうだ。

僕は、日記のせいで、いたって冷静。二人がなんと言っているか、覚えようとする始末。


ほどなくして、警備員が登場。

しかし、オジサンの剣幕は収まらず。

「出て来い、言うてるやろが〜〜、コラ〜〜」

「ちょっと、やめて下さい！」　警備員が割って入る。

しかしまだ、収まらない。

「出て来いや〜〜」

「ちょっと、落ち着きましょう……」

「大丈夫です！　親子喧嘩なんで〜〜！」

親子喧嘩かい！　にしても、激しいなぁ。

ギャラリーを百人近く携《たずさ》えての親子喧嘩。

ドラマのワンシーンみたいだった。

おやすみなさい。

よし、役立った

ゴルフ。テンダラーの浜本さんと、ゴルフ。

よし、役立った。やっと、使うときが来た。


あまりにも頻繁に浜本さんとゴルフに行くので、携帯のユーザー辞書に、このフレーズを登録している。

設定しておいて良かった。

「てん」と打っただけで、「テンダラーの浜本さんと、ゴルフ。」と、きっちり出てきた。

やったぜ。


ゴルフは終わり……帰りに、車を車検に出しに行った。

浜本さんと共通の知り合いの、堺市《さかい》にある車屋さんだ。

兵庫県西宮《にしのみや》のゴルフ場から、直接向かった。


浜本さんが言う……

「俺も行こうかなぁ……お前と一緒にドライブがてら行くのもええなぁ。俺もちょうど、車見てもらおう思《おも》てて……」

一緒に行くことになった。

その車屋さんの人とは、浜本さんも含め、みんなでご飯に行くほどの仲だ。

行く道は、三パターンあった。その一つを選択し、浜本さんが前を走った。

一緒にドライブがてら、と言っても、常に横並びで走れるはずもなく……

浜本さんの車は、前方百メートル辺りで見え隠れしている。

一つ目の高速の出口で、はぐれた。西森のスーパーミス炸裂。

百メートル先で、見え隠れする浜本さん。高速から出るはずが、四車線の一番右にいる。

出口まで残り、三百メートル。

もしや、真っすぐ行くルートと間違えたのでは……疑った。

その後は、よく見えなかった。
あそこから、四車線ギューンと、一番左まで行ったとは思えず。

僕は、直進した。

実は浜本さん……ギューン、行ってた。ギューン行って、高速を降りていた。

五分後、電話がかかってきた。路側帯に車を停め、電話に出る。
事故ったかと思ったらしい。僕が道を間違えただけ……でも、優しい。

「すいません、現地では合流できるので、現地で」と、不甲斐なく伝えた。
浜本さんは、事故ってないことに一安心して言った。
「そうかぁ。まぁ、でも、一緒に走られへんねんやったら、やめとこうかなぁ」

いや、どんだけ一緒に走りたいねん！　道を間違っておいて思う。
浜本さん……心の奥底が暴走族。

というか、そこまでも一緒には走れてなかった。
ずっと百メートル以上は離れていた。
あれで良かったのか。

僕が後輩と走っていて、後輩が道を間違えたら、怒っているかも知れない。
そこを、事故の心配をする包容力。見習わないといけない。

悪い日記ばかり書いている場合ではない。

勉強になった。

おやすみなさい。

お姉さんの写真

休み。

西森洋一以外の西森が、田舎へ帰っているため、車で迎えに行った。
ヨメの田舎は、兵庫県豊岡市。城崎《きのさき》温泉近くだ。

車で二時間半ぐらいの道のり。
自慢の「トヨタ・スプリンタートレノ」、通称86で、車間距離たっぷり安全運転で向かった。

途中、高速運転中にウンコを漏らしかけたが、なんとか持ちこたえ到着。

ヨメの実家に到着してすぐ、一番上のお姉さんが、
うちのムスメを公園に連れて行ってくれていたらしく、帰ってきた。

ヨメは四人兄弟。その長女のお姉さんは、たぶん四十二歳ぐらいで、豊岡近くに住んでいる。

ヨメと息子は、耳鼻科へお父さんと行っていて、まだ帰って来ていない。

誰が誰やら、ややこしい。

今、家には、ヨメのお母さんと、お姉さん……お姉さんの子供二人、僕のムスメ、僕がいる。

ややこしい。

お姉さんが、高級なカメラを手に持っていた。

「カメラ買ったんですよ～」と、僕に見せてきた。十万円したらしい。

子供たちは、走り回ってどこかの部屋へ。

今……この部屋には、お姉さんと僕しか居ない。

さっきまで行っていた、公園での写真を見せてもらった。

大きな液晶画面に、ムスメと、お姉さんの子供たちが、四ツ葉のクローバーを摘んでいるところが写っている。

「公園です」お姉さんの、端的な説明が入る。

写真が切り替わる。「クローバーです」説明が入る。

「ひと写真にひと言」と、決められているのか……一言だけ説明が入る。

公園での写真は三枚だった。

その後も、お姉さんは、次々と写真を切り替えてゆく。

僕が見たいかどうかの意思とは関係なく、それは続く。

以前に、お姉さんが撮ったものだろう。

そこからの写真に、うちのムスメは写っていない。

滞りなく続く。

「うちの家です」……外から撮った、一軒家の写真だった。

「ここに住んでます」

「これが、家の全体です」

「横からです」

「山です」

「お月様です」

「てんとう虫」

「花」

「海」

そのあたりから、しばらく……無言で写真が、切り替わっていった。

笑いを堪《こら》えるのに苦労した。

葉っぱの上にのる、てんとう虫のときに、一回目のピークが来た。

オッサンに、てんとう虫を見せて、どうなるのだ?

そう思うと、堪えられなくなる。堪えるため、余計なことは考えないようにする。

最後の方の、お姉さんの「小五の息子」が野球をしている写真も秀逸だった。
棒立ちの写真ばかり。　躍動感を削《そ》がれた写真。

十何枚か、棒立ちを見せられた。

そのあたりでヨメたちが帰って来て、脱出できた。

もし僕が爆笑しても、お姉さんには意味が分からないだろう。
あのまま一時間続けられていたら、腹が本当に千切れて、死んでいたと思う。

おやすみなさい。

唯一の道具を失った人たち

ＮＧＫで、漫才二回。　漫才劇場で、漫才一回。

少し、奇妙な症状が出ています。

「漫才途中にマイク下がっていったら、どうしよう病」です。

ネタ中に、一回は思うようになりました。　絶対に必要のない心配です。

１００％で、集中できていない。

漫才師にとっての、センターマイクは、唯一の道具だ。

それが、ひとりでに地面に吸い込まれて行くかも知れない、という不安。

《唯一の道具を失った人たち》

◆ハサミ無し美容師

「今日は、どういった感じにしましょうか?」と聞いておいて、そこからは、客の髪の毛をファサファサしながら、ロング世間話。

一切、髪の毛切らずに、ファサファサだけで終わらせる空気を出すが、客にすぐ悟られ……はっきりと「切って下さい」と言われる。

そして、文房具のハサミで切り出す。

客がハサミのことを指摘しようとすると……

猛ダッシュで遠くの部下に駆け寄り、必要のない指示出し。

「ちょっと、何やってんの！　それはこうでしょ！」

ハサミ無し美容師。

◆車無しタクシー

歩道で手を上げていると、車無しの、ただ制服を着たオッサンが近づいて来る。

そのオッサンは何も言わず、なぜか目の前で中腰。

中腰でオンブする体勢を取り、顔だけをこちらに向けて、笑っている。

こちらが、なんのことか分からず、放ったらかしにしていると、みるみる顔が険しくなり……

「ひやかしかい！」　言い放って去っていく。

車無しタクシー。

◆砲丸無し砲丸投げ

大会中、一人はなぜか、ファールする奴が出る。

「うぉ〜〜〜」　言うだけ。手ぶらでサークルの中で「うぉ〜〜〜」言うだけ。

砲丸無し砲丸投げ。

◆服無しモデル

自信満々の顔で、裸でランウェイを歩く。

そして、ジャケットの内側を見せる素振り。でも何も着ていない。

手持ち無沙汰が著しいので、ランウェイの先端で、チンコの先を引っ張る。

そして、ケツ毛を抜いて空中に「ファッサー」して去っていく。
服無しモデル。

おやすみなさい。

ママと！

夕方、体調の悪いムスメを、僕が病院へ連れて行くことになった。
だが、ムスメが嫌がる。
病院に行くことに対してではなく、「ママと行く～」と言い、なぜか僕と行くことを拒否。

なので、ママと行くよう伝え、ヨメと交代。

すると、二歳息子がついて行くと言い出した。
元気な子供を、病院に行かせる訳にはいかない。
風邪を移されては、たまらないからだ。

僕と留守番するよう、息子に告げる。

「嫌～、ママと、一緒に行く～」　絶叫。

『パパと留守番しよう』
「嫌〜〜〜、ママと行く〜〜〜」　もう泣いている。
会話のスタートから、十秒も経っていない。
なので、ヨメと息子を留守番させるため、
再度ムスメに、僕と病院へ行くよう告げる。
すると、ムスメ……
「嫌〜〜、ママと病院に行く〜〜」　これまた絶叫。　こちらは泣く寸前。
『パパと、病院行こうや？』
「嫌〜〜〜」

俺はいつから、こんなに嫌われたんや！
俺がいったい何をしたっていうんや！

ほんで、言われる方の身にもなれ！
よく目の前で遠慮なく、「ママとが良い〜〜」って叫べるよな。
どちらかが気を遣う、とかないのか！
俺の顔を、見てみろ！
「板挟み営業マン」に、なってるやろ！　なってるはずやぞ！
そして、ヨメがムスメを病院へ連れて行った。
二時間後、二人を風呂に入れる。
二歳息子……
「ママと、入る〜〜」　また絶叫。
五歳ムスメ……
「パパとは、嫌〜〜〜」　競うように絶叫。

俺がいったい何をしたんや！
いつも、お風呂のとき、楽しそうやろ！
あれは嘘なんか！　どういうつもりやねん！
だから、本人を目の前にして「嫌～～」言うな！

何年か前に……俺が道端で出会った親子か！

中学生の息子と、母親の二人。
母親が、「西森さん、ここに、サインしたって下さい～」と言いながら、
その息子のＧジャンの背中を引っ張っていた。
息子は、それに対し……
「嫌～～～」　絶叫。　そして半泣き。

俺がいったい何をしたっていうんや！

二人で結論を出してから来い！
定まってないまま来るな！

傍《はた》から見たら、俺にも罪があるように見えるやろ！
息子は、俺のことを知らんねん！　知らんことを、知れ！
分かるやろ！　強要すな母親！
今、誰も得してないの分からんのか！
一回嫌がったら、すぐ辞めんか！
何をグイグイ、息子の服、引っ張っとんねん！
体感では、一時間あったぞ！
俺がいったい何をしたんや！
そして、そして、西森家……夜ご飯の時間。ヨメが声高らかに発表する。
「パパ〜〜、カツオのタタキ買ってきたでぇ〜」
だから俺は、カツオのタタキは嫌いやねん。

十年以上にわたって、言うとるわ！
ここは何や？　他人の家か！

他人に囲まれて、生きています。

おやすみなさい。

寿司屋

一人で寿司。家の近所の、安い寿司屋。六十席ある、広い寿司屋。

普段は、入れないことが多い、人気の店。今日は、たまたまガラガラ。

「いつも凄い、お客さん多いですよね?」聞いてみた。
『そやね、今日は、少ないね。滅多にないよ、こんな日は』おじいちゃん、言っていた。
「予約しないと入れないですよね?」聞いてみた。
『いやもう、予約しても、いっぱいで、無理なことが多いよ。もう、いっぱいで……』

じゃあ、そのときに食べているのは誰なんだ?

「超予約」みたいなものが、存在するのかも知れない。

おやすみなさい。

ダイナマン

夜十時すぎ……なかなか寝ない息子と、リビングで本を読んだ。
戦隊ものの本だ。スーパーなんかでも、よく売っている、付録付きのやつだ。
親が、「付録のお面」などを作ることが決定している、面倒臭いやつだ。
歴代の戦隊ものの全てが紹介されているページがあった。
初代ゴレンジャーから、最近のものまで網羅している。
僕の世代の「ダイナマン」も紹介されていた。懐かしい。
「パパは、これ観てたで」説明する。
息子は、そんなことは、どうでもいいらしく、
一秒おきに「これは何？　これは何？」と、次々に質問。
いつもの、ガトリングガン質問。

これは、デンジマンだ。
これは、ゴレンジャーだ。　これは、ダイナマンだ。
答える。

二つ前に聞いたものを、またすぐに質問。
これが「ガトリングガン質問」と言われる由縁だ。

マスクマン、という戦隊ものがいた…………思う。
いや、マスクマンて……全部そうやし。

全戦隊、マスク被ってるやん。　よほど無かったみたいだ。

あまりにも息子の質問が続くので戦隊もののユーチューブを観せることにした。
そうすれば……「これは、これ」と言うだけで済む。

懐かしいので、ダイナマンのオープニングVTRを観てみた。
ダイナマンは、ダイナマイトをモチーフにした戦隊ものだ。
正式には『科学戦隊ダイナマン』という。

懐かしい。そして、観ながら歌った。

おかしなところを発見。オープニングの歌の、サビの部分。

歌詞は、こうだ。

「必殺、必殺、スーパー、スーパー、ダイナマイト～」

戦隊もの自体に、特別なチカラがある訳ではなく、ただの「ダイナマイト」を使う。「科学戦隊」と名乗るだけはある。でも全然、必殺技ではない。必殺道具だ。

そして、二番のサビ。

「必殺、必殺、稲妻、稲妻、重力落とし～」自然現象ばっかり。

もう……道具すら使わなくなった。

戦闘シーンは思い出せないが……

この二番は、たぶん、稲妻が落ちてきただけ。

もしくは、怪人を崖から突き落とすだけの、必殺技だろう。

全然、ヒーローじゃない。

怪人を崖から突き落とすヒーロー。言葉巧みに怪人を誘いだし、ひと突き。

やってること、もう悪者。

昔の戦隊ものは面白い。

おやすみなさい。

喫茶店の便所

今日の仕事は、夜からだ。
朝、ムスメを幼稚園の送迎バスが来る所まで送った。
ヨメは、パート。息子は、ヨメのパート先が運営する保育園へ。
なので僕は、近所の行き付けの喫茶店へ。

一時間ほど経って、喫茶店の便所へ。
便所は男女共用で一つだけ。洋式便座が一つ。
ドアを開けると……こっちに向いて、おばあちゃんが座ってた。
真っ最中だった。下半身丸出し状態の、おばあちゃんがコッチ向き。
びっくりして咄嗟《とっさ》に閉める。この間、0・3秒。

締め切るまでに、0・3秒。

ガチャ、「あっ！」、バタン。　0・3秒。

閉め際に、おばあちゃん、小さな声で、「入ってます……」

開けた瞬間の0・1秒で反応して、すぐに「入ってます……」

僕が開けるのを、分かっていたかのような、落ち着きよう……そして、タイミング。

「失うもの無いオーラ」が出まくり。

そして、凄いことに……もの凄いことに……こちらを……見もしなかった。

見もしなかった光景が、僕の目には焼き付いた。

おばあちゃんは、トイレットペーパーを巻き取りながら、

目線は、トイレットペーパーのままで……「入ってます……」

そういう、システムで、普段から暮らしているのか？

鍵を閉めず入り、誰かが来たら「入ってます……」とだけ、伝えるシステム。
見えているから全く言う必要はないが、たぶんそのシステムで、暮らしている。
日記をつけ出してから、変なことが多く起こる。
おやすみなさい。

聞こえてきた

聞こえてきた。二階の便所からヨメの大声が、聞こえてきた。

「いや〜〜、何これ〜〜、ちょっと、あっく〜ん、何これ〜〜」

もうすぐ三歳息子が、便所でトラブルらしい。

夕方の六時。僕は仕事に出る時間で、一階の自分の部屋で支度をしていた。

支度を続けていると、また聞こえてきた。

「めっちゃ、ウンコついてるや〜〜ん！　何これ〜〜」

「いや〜〜、何で〜〜！」

「東京に行っても、頑張れよ〜〜」ぐらいの声量。

息子の声は一切聞こえない。ヨメがまた叫ぶ。

「何でこんなん、なった〜〜ん!?」

息子、無言。

「ちょっと待って〜〜、動きな〜〜、も〜〜!」

「も〜、ハイ、ハイ、ハイ、うわ〜も〜」

一時の静寂。

「……ほんでまだウンコ出るんか?」

息子、無言。

引き続き、きばっているのか、終わったのか……僕の部屋からは、確認できない。

ヨメの声は、やんだ。

仕事の支度を進める。漫才で着るカッターシャツをカバンへ。

次の日は、早朝からゴルフ番組のロケだから、その用意も済ませておく。

「めっちゃ、ウンコついてるや〜〜ん！」

また、聞こえてきた。何がどうなっているのだ。

でも汚そうだし、手伝わされたら嫌なので、見には行かない。

「いや〜〜、何でそうなんの〜〜ん！」

僕は、それらを聞きながら玄関へ。そして靴を履く。

「何で、こんなことに、なんの〜〜〜」

玄関のドアを開け、家のすぐ前に停めている自転車にまたがる。

「めっちゃ、ウンコついてるや〜〜ん」

外にいても、貫通して聞こえてくる。半笑いのままペダルを漕いで、出発しました。

一つ目の角を曲がるまで聞こえていた。

おやすみなさい。

真横の調子乗り

祇園花月で漫才一回だけの日。
終わって、そのまま劇場で単独ライブのネタ合わせ。
それも終わって、大阪へ。 近所の喫茶店で、日記、日記、日記。
仮面ライダーのことを書いた回、などの書き直し。
日記はスマホのメモに書いているが、「ライブ」と、打とうと思っても……
しつこく「ライダー」と出てくる。
予測変換が、頑固。
喫茶店の喫煙席。
真横で、サラリーマンの男、二人組が、よくある感じの会話をしている。

自分たち以外の社員の、「あいつは、どうだこうだ、もっとこうして行くべきだ」といった会話だ。

出た、またあのパターンだ……来た来た、よしよし。
真横にいる、それはそれは偉そうに話している上司の顔は、見れない。
距離が近すぎるし、真横すぎて……
首を九十度曲げて見ると、変な奴だと思われてしまう。

あのパターンだ、前にもあった。たぶん中三の弓道部。
その四人が、電車内で喋っていた。
椅子に座る僕の真横に、女の子が一人。
その向かいに男の子が三人、吊り革をにぎり、覆《おお》い被さるように立って話していた。
チヤホヤされている女の子は、イキっていた。

今回も同じ……調子に乗っている方の顔が見れない。

電車のときは、その女の子が僕より先に降りて、前を通りすぎた。

一瞬だけ、顔を見ることができた。

28点だった。１００点満点中、28点。28点を奪い合っていた。

今回も、気になる。

真横の上司は偉そうに「だから結局なっ」言うている。気になる。

喋り出しのほとんどが、「だから結局なっ」だ。声の感じからして、四十代だと思われる。


そうこう、していると……日記の書き直しが終わった。

なので帰ることにした。滞在時間は一時間ぐらいだ。

僕が入って十分経ったぐらいで、この隣のサラリーマン二人組は、やってきた。

僕が去るまでの五十分間、上司は調子に乗っていたことになる。

セルフなので……僕は、お盆を持って立ち上がった。

なんとなくの感じで……通りすぎ際に……上司の顔を……チラッと見てみた。

前歯、一本無かった。

やった〜〜〜〜〜。ビンゴ〜〜〜〜〜。

めっちゃ嬉しい〜〜〜。
嘘は絶対に書かないので、めっちゃ嬉しい〜〜〜。

やった〜〜。
ありがとう〜〜〜〜。
ホンマに、ありがとう〜〜〜。
ナイス、歯抜け。ホンマに、ありがとう。

前歯、無い割に、滑舌《かつぜつ》良かった〜〜〜。
歯抜けと疑わせない、滑舌の配慮、ありがとう〜〜〜。
やった〜〜〜。

新しい、シリーズできた〜〜〜。
「真横の調子乗りシリーズ」　できた〜〜〜。
やった〜〜〜。
ありがとう御座います〜〜〜。
おやすみなさい。

ダイソン

夢のコードレス掃除機を、アマゾンで購入した。

普通の掃除機は持っている。しかし、僕の家は一軒家。

「階段の掃除が、しんどい」とヨメが訴えるので、仕方なく購入。

前にアマゾンで買った、今も使っている「アイリスオーヤマ」の普通の掃除機は、五千円。

激安。でも性能は最高。なにせ吸う。

無駄な機能は一切付いていない。でもなにせ吸う。

スイッチも本体にしか付いていない。でもなにせ吸う。

「あっ、やばい、百円玉や！」　シャコーーン！　なにせ吸う。

「吸う」という……一番大事なところのみを全《まっと》うしている掃除機。

掃除機と表記するのもおかしいぐらい吸う。「エキサイティング・バキューマー」と、名乗った方がいい。

そんな掃除機。　日本製最高。

そして今日、五千八百円のコードレス掃除機が届いた。　また激安。

しかし、これも日本製、信頼できるはず。

八百円プラスで、コードレスの『レス』の部分を賄《まかな》えるかは心配だが、安定の日本製。

大丈夫だろう。

簡単な組み立てなどがあるかも知れない、このような機械類は僕が開封する。

ヨメ、子供がいない昼間に、一人で開けた。

1メートルほどの長方形のダンボールから、長方形の中身をスライドさせる。

中身が徐々に見えてきた。　一人で、無言でワクワクする。

半分出た。でも何か……何かが、おかしい。

黒い鉄の、枠組みのようなもの、ばかり見える。

よく見た……

ダイソンのコードレス掃除機を立て掛ける専用スタンド…………だけだった。

何度確認しても、スタンドだった。ダンボールにプリントされた写真を見る。
ダイソンのコードレス掃除機が、立て掛けられている。
おかしい……ダイソンの掃除機は買っていない。
五千八百円で、済む訳がない。
だから、一緒に写っているスタンドが、商品ということだ。

理解するのに大変時間がかかった。
認めたくない、という思いが強すぎて……
希望的観測の権化になり、脳内で葛藤して、石のように固まってしまった。

やってしまった。

しかし、さすがダイソン。スタンドだけでも、うちの掃除機より高い。

うちの「アイリスオーヤマ」が愛おしい。

コードレス掃除機をネット上で購入し、家に届くまでの何日間かの間、ヨメに何度も、

「五千八百円やで、めちゃくちゃ安くない？　そんな何万も出さんでも、ええやつは絶対あるねんって。今の掃除機も、めちゃくちゃ吸うやろ？　探したらあんねんって」

……言ってしまった。

「外国製が良いっていう、勝手な、よく分からん考えは、捨てた方がええねんって。絶対、安いのでも、ええのあるから」

何度も言ってしまった。

聞かれてもいないのに、何度も……。

その手前……ヨメに、ただのスタンドだったことを報告するのが、恥ずかしくて仕方ない。

日にちは飛び越えるが、次の次の日に報告した。
すぐ言う気には、なれなかった。

突然、リビングで……僕は告白した。

「あれ、コードレス掃除機じゃなかった」
『え？』
「ダイソンのコードレス掃除機のスタンド、やったわ」
『ああ、そうなん』

初めから知っていたかのような、反応。
とてつもなく、冷めた受け答え。　五千八百円で売ってる訳がないやん、と思っていたのかも。

なんにせよ、返品だ。

おやすみなさい。

初対面の稲田

ボジョレーヌーボー解禁イベントで、漫才と記者会見。
まさか、ボジョレーヌーボーの解禁に携《たずさ》わるとは。
毎年、他人事だったのに。

なんばの二十四時間スーパー「コーヨー」で、夜中に行われた。
なんばに住んでいた頃、家から一番近いこのスーパーへは、よく行っていた。
まさか、そのスーパーで漫才をするとは。

その住んでいた頃、まだアインシュタインではなく他のコンビの稲田が、そのスーパーで働いていた。

僕が駐車券のトラブルで、精算機の前で困っていると、そのとき初対面の稲田が現れた。
トラブルを解決してもらった後、挨拶された。

「実は僕も吉本でして、コンビで漫才やってます」

『ああ、そうなんや』

「バンパイアの稲田と申します」

『いや、バンパイアは、お前だけやろっ！』思ったのを覚えている。

相方も稲田みたいな見た目やったら分かるけど。

まさかあの稲田が、後のアインシュタインになるとは。

おやすみなさい。

誕生日プレゼント

子供二人を連れて、僕の実家へ帰った。

ヨメは別行動。久々に友達と、子供なしでお出かけ。

お昼すぎに着き、両親、僕、三歳息子、五歳ムスメ、の五人で近所で外食。

混んでいて、待ち時間が長そうだったので、親父に順番待ちをしてもらい……

残りで、すぐ横のトイザらスへ。


息子の誕生日のプレゼントを、母・礼子が買ってくれるとのこと。


関係ないが、当然ムスメも、ついて来る。

入るなりムスメは、息子よりも先に、おもちゃを物色し始めた。

誰も、何ひとつ承諾していないのに、「ええ、まずは……」的なことを呟いている。

「弟の誕生日プレゼントを購入する為、ここへ来た」と、顔を近付け、ゆっくり伝える。

が、ゆっくり聞き流してくる。

ひとつも慌てることなく、その都度頷《うなず》き、そして、ゆっくり聞き流す。匠の技。

足を骨折、全治二ヶ月の選手が、なぜかユニホームに着替えだし、バッシュを履き……監督の真横で、いつでも行けますアピール。

意気込み、ブルドーザー。

一方息子は、商品が多すぎて困惑していた。

今まで何の興味もなかったはずの、「プール用のビニールバッグ」を手に取りだした。

奪い取って、すぐに棚に戻した。

僕の勝手な値段設定は、四千円前後だ。八百円で納得されては逆に、礼子も僕も困る。

息子を抱きかかえ、戦隊ものと仮面ライダーの棚を探し求める。

発見。

「さぁ、行け」とばかりに息子を放った。しかし「バカ伝書鳩」、すぐ戻ってきた。

目的地へは飛び立たず、目視できる範囲をちょっと飛んで、すぐ戻ってきた。

ほとんど、ブーメラン。

そして再び放つと……今現在、家にあるおもちゃを見つけ、それの説明を僕にしだした。

ムスメと息子の行動が、真逆になっている。

今日は、あなたの番ではない、と言われているのにも拘《かか》わらず……

子供独自の方程式を成り立たせ、テンションを上げるムスメ。

おもちゃを選べ、と言われているのにも拘わらず……

既に持っているおもちゃの説明をする息子。

母・礼子は、驚いていた。

ムスメのブルドーザー具合といったらもう、ブルドーザーが嫉妬するほどだ。

息子は一旦、礼子に任せ……僕がムスメの付き添いをする。

すると、子供二人で使える「家用のプール」ではどうか？　と提案して来た。

確かに一理ある。

僕の独断で買うことになった。　ブルドーザーの勝ち。

別で、息子単体のプレゼントも買うことに。

そして、巨大なプールをカートへ入れ、礼子・息子ペアのもとへ。

息子が、手に何かを握りしめている。

手の平サイズで、ビニールの包装がなされている。

僕が手に取り、よく見てみる。

オレンジ色の粉を固めた、卵ほどの物の中に、
消しゴムサイズの小さなロボットが入っているようだ。
それをお風呂のお湯の中に入れると、周りの固められた粉がお湯に溶けて、ロボットが出てくる。

結局……入浴剤だった。

トイザらスで、「何でも良いから選べ！」で、入浴剤。

しかも、家には、入浴剤の中身と同じロボットがある。
しかも、家にあるそのロボットは、入浴剤の100倍の大きさ。
しかも、それは変形して飛行機にもなる。
しかも、それは六千円もした。

理解不能。　入浴剤、五百円だった。

息子に気を取られていると、ブルドーザーの姿が見当たらない。

見つけた。
八千円の「喋る、ぬいぐるみ」を持っていた。
ブルドーザーしていた。期待の新人ブルドーザーとして、ブルドーザーしていた。
問答無用で、棚に戻す。
が、ブルドーザーは引き下がらない。
「これが手に入るのであれば、プールなど要らない」と言い出した。
さすが、期待の新人。
断って、プールの方を購入。
しかし、なんであれ、息子は喜んでいた。
帰り途中も息子は……入浴剤がちゃんと袋に入っているか、何度も僕に確認してきた。
おやすみなさい。

忘れ物

今日は、祇園花月で落語をする。午前中に喫茶店へ行き、落語の内容を詰めた。

隣を一つあけた、カウンターの席には、男女の親子。

娘は、たぶん二十代半ば、そして小太り。小太りはたぶんではなく確実に小太り。

お父さんは、たぶん五十代半ば、そして小太り。小太りはたぶんではなく確実に小太り。

観光で、大阪に来たのだろう。二人とも大荷物。

二人は、僕が喫茶店へ着いて三十分経ったあたりで出て行った。

出て行こうとする小太り娘に、店員が声をかけている。

落語を詰めながらも、何となく顔を向ける。

「カバン、お忘れじゃないですか?」店員が慌てて告げる。

元いた席に、目線をやると、置き去りのキャリーバッグ。
カバンどころの騒ぎではない。
僕が今まで見た中で、一番デカい忘れ物だ。　ありえない。
地面をゴロゴロ引っ張ってきたのに……帰りは手ぶらで闊歩《かっぽ》。
違和感がない訳がない。

乗り捨てのレンタカーみたいなものか？　そんなはずはない。

この小太り娘に、スーパーで買い物を頼んだら、半分以上、買い忘れると思う。
そして、頼んでいない「超高級ポン酢」を買ってくると思う。

色々やらかしそう。

バイクで出掛けて、電車で帰ってくると思う。
ヘルメットを小脇に抱え、電車で帰ってくると思う。
自宅の駐輪場に着いて、

存在しないエアーバイクのミラーに、ヘルメットを引っ掛ける。が……
何も無いので、ヘルメットは落下。地面をはねて転がる。
それを見て初めて「バイクが無いわ！」気付く。

色々やらかしそう。
マークシート、三段ずれて、回答すると思う。

色々やらかしそう。
電気つけて、テレビつけて、エアコンつけて、出発。

色々やらかしそう。
海の家で、水着買ってそう。

おやすみなさい。

リアルタイム日記

只今、電車で、顔指され中です。今です。
リアルタイムで、日記を書いています。

コントライブを終え、祇園花月からの帰り、
二十一時すぎ発の、京阪電車の特急に乗ったのですが……
二十一時三十五分の今、久しぶりに「あれ西森じゃない？」と、バレてしまいました。

進行方向に向いて座席が横に二席・二席の四席あって、間が通路の、いわゆる特急タイプです。
たまたま座った席が、なぜか進行方向とは逆に向いており……
沢山の他の乗客と、向かい合わせになる羽目に。

通路を挟んで斜め前に座る、二十代後半であろう女性二人組に、バレました。

100%バレた訳ではありません。まだ、半信半疑のようです。
しかし距離が近い。足を伸ばせば、相手の膝を蹴ることは可能です。

二人合わせて、僕を「二十五度見」ほどした後……ドシロートの、お決まりの……
スマホを使っての「確かめ算」を始めました。

そして、スマホに僕の画像を出したのでしょう。
僕にハッキリ聞こえる声の大きさで……
「めっちゃ似てる〜、めっちゃ似てる〜」と、足をバタバタさせ騒ぎ出しました。
本人の目の前で「似てる〜」を、たった今も……連呼しています。

毎回、思いますが、この類いのドシロートの声量は終わっています。
「もし本人だった場合、さぞかし鬱陶《うっとう》しいだろうなぁ」などは思わないのです。
丸聞こえで「めっちゃ似てる！」を繰り返します。

気付かれてから、十五分ほど経ちましたが……
ず〜〜〜〜と、今も二人で笑ってます。

はじめの「めっちゃ似てる！」以降は何を言っているのか、よく分かりません。
本ちゃんの、ヒソヒソ話を始めました。
本腰を入れて、僕をイジり出したのでしょう。
二人が話している内容が聞こえてこないのに、なぜ西森の話だと、分かるのだ？
と、お思いでしょう。 分かるんです。

ドシロート二人は、ヒソヒソ話した後、我慢しながらも「ヒッヒッヒッ」と声を漏らし、肩を叩き合ったりして笑い……そして、一通り笑い終わると……二人とも、一斉に斜め前の、僕の方に向くのです。

この感じ、お分かりでしょうか？

当然、毎回の笑い後に、僕が二人の方を見る訳は、ありません。
僕は常に、真正面を見ています。
ライオンの視線をゴリゴリに感じるシマウマさながら、真正面を見ています。

この感じ、お分かり頂けるでしょうか？

ヒソヒソ、ヒソヒソ、ヒッヒッヒッ、なんでやのんヒッヒッヒッ……

相手の肩をパンパン……ヒッヒッヒッ……ヒッヒッヒッ……ヒッヒッ…ヒッ……

………顔、こっちに「にゅ～」

絶対にイジられています。

さすがに、そればかり続く訳もなく……今、違う話になったようです。

少し寂しい気もしますが、ストレスは無いです。

違う話でも、多少は笑っています。

しかし、僕の話をまたしているのではないか？　度々、思ってしまいます。

二人揃って、こっち見ました……続行中でした。

まだ、イジっていたようです。

勘違いでした……なかなかに長いです。

かれこれ十五分間ほど、されています。
いや、今、確認すると、二十五分経っていました。

京橋に着きました。　僕は降ります。　ドシロート二人も降りるようです。
僕が降りることを、悟られたくありません。
最後のとどめで、失礼な文言を直接、浴びせてきそうです。

僕は「全然降りませんよ」という顔をして、ドアが開いてから慌てて降ります。
成功しました。

ホームに出て階段を下ります。
前方五メートルに、ドシロート二人が歩いています。
ほんのちょっとですが、僕を待っている風です。
チラチラ半身になって、こちらを見ています。

僕は、サイドへ回り込んで、階段のハシから一気に下りました。

追い抜き際に、二人のやり取りが聞こえてきました。

「今日イチ〜〜、ヒッヒッヒッ」

「もう見すぎ〜〜、ヒッヒッヒッ」

電車に乗る「西森」を、ただ見かけたことが、今日一番面白かったそうです。

普段、面白いことが少ないのかなぁ。

訳の分からないところで「今日イチ」を獲得しました。

彼氏の前で、今日の西森の話をして、ヒッヒッヒッと笑って、その流れで、ヒッヒッヒッ、ぶ〜〜〜、とこいてしまって、振られたらええのに!!

二人とも。

おやすみなさい。

コードレス掃除機

コードレス掃除機スタンドを返品した。
なかなかややこしかった。

返品用のバーコードをプリントアウトして、郵送物に貼り付けないといけない。
じいちゃん、ばあちゃんなら、まず無理。

アプリで、返品用の画面まで飛んで、それをスクリーンショットして……
コンビニでプリントアウトして、貼り付けた。

他にもっとスマートなやり方は、あったであろうが、これが僕の限界。
テレビで放送してる番組を、スマホで撮って、ユーチューブに上げる奴と感じ。
技術を一つも駆使せずの所業。　スマートさゼロ。

僕はスマートフォンのことを、ただの「フォン」と呼ぶことにします。

じいちゃん、ばあちゃんなら、定規でバーコードを一つ一つ測って、手書きすると思う。

それを貼り付けて送るが、機械が読み取れず、返品不可となって、また返ってくると思う。


返って来たスタンドを、新たにネット注文した物と勘違いして、ワクワクしながら開ける二人。

開けて初めて、返品したものが返ってきていることに気付く。

どうしようもないので、二人で相談して、スタンドを「アサガオがツルを巻く棒」の代わりにする。


何日か経って、久し振りに息子が、実家に帰ってきた。

じいちゃん、ばあちゃんは、「返品一大スペクタクル」の話を、二人で奪い合いながら息子に話す。

話し終わりで、息子に老人ホームを勧められる。


そして秋になり、アサガオは枯れ、錆びたスタンドが一人寂しく棒立ち。

食事中も二人は、アマゾンという言葉を避けながら会話をする。
その冬、おばあちゃんが他界。後を追うようにおじいちゃんも……。
おじいちゃんの葬式の日、真冬のはずなのに、少しだけ……アサガオが咲いた。

おやすみなさい。いや、終われない。

これは何だ。
毎日、毎日、日記を書きすぎて、とうとう正式に頭が狂いだした。
あれよあれよと、書き進めるうちに、おばあちゃんが死亡。
後を追うようにおじいちゃんも……って、追わせる必要などなかった。
でも、そうなると……さすがにアサガオは咲くしかない。
いや、そんなことはない。咲くしかない、ことはない。なんとでもなる。
携帯のメモで日記を書いているが、右手の親指がオートで動く。
接客しながらシェイカーを振る、バーテン。
親指オート症候群だ。
「こうでこうで、こうでっしゃろ？　ね？　兄貴!!」と、親指は張り切っている。

一度キツ目に、親指をシメておこう。
今のこの文章も、患《わずら》っている者の文章だ。
永遠に続く。
本当に、おやすみなさい。

習慣付け

終わりのない、三歳なりたて息子からの質問。

今日は、急遽の休み。


一日、僕が、子供たちの面倒をみる。

貸し切りの西森洋一をフル稼働させるため、息子が絶え間なく質問を浴びせてくる。

元を取ろうと必死だ。　野菜詰め放題だ。


晩御飯あと、息子が耳打ちをしてきた。

「おもちゃは、夜……寝たあと……動くの？」　聞いてきた。

たぶん、『トイ・ストーリー』を観たのだろう。

ちょうど良かったので、片付けを習慣付けさせるため、嘘をついておいた。

「遊び終わった後、大事にちゃんと片付けると、夜中に、みんなで喜びを分かち合う」

と説明した。逆に、「片付けないと悲しむ」とも説明した。
普段僕は、このような嘘は一切つかない。
子供は、大人が思ってるほど子供ではないからだ。
普段は、現実的なことしか言わない。

なので息子……かなり興奮していた。「ホンマに？」の連続だった。

そこからは、ご想像通りの質問の嵐。
「怒るの？」「今日も動くの？」「片付けへんかったら怒る？」など。

興奮しすぎて、僕の返答も蔑《ないがし》ろに喋り出した。

「ほんだらな……おもちゃさんが、夜な、動いてきてな……カラオケ行こうって
ゆって、アックンと行ってな……トミカトミカの歌うたって、ほんで、帰ろ〜てゆっ
てなぁ……お外出てな……お手て、つないでな…帰って、ミギ、ヒダリって見てな

……家帰って、はあ~楽しかったなあ、ってゆうて……鬼さんが来るからもう寝よう、ってゆうて、ほんで寝てるとき……雷、鳴ってきたらどうするん?」

質問の着地点、トリッキ~~~~。誰にも予想できない。
最後、全く関係のない雷。ひっくり返りそうになった。
「どうするん?」と聞かれても、答えようがない。

質問が本当に雷で良いのかを確かめたが、良かったみたいだったので……
一応答える。

『家で大人しくしてたら、大丈夫やで』

その回答にも、食い気味に「なんで?」
だから今、答えた。また、ここでも必殺技の「なんで?」が出た。
答えが出てからの「なんで?」どうしようもない。
毎回疲れる。

その後、息子はアイスを食べ出した。するとアイスを指さし聞いてきた。

「これに、マヨネーズかけて食べたら、どうするん？」

どうもしない。勝手にすれば良い。答えようのない質問。

どうやら、息子の中で流行っているみたいだ。

仕方なく、一応答える。

『アイスに、マヨネーズなんか、かけたら不味《まず》くなるで』

「何で？」

『そら、不味いに決まってるやん』

「何で？」

『合わへんやん』

「何で？」

やり口が、汚い。八方塞《ふさ》がり。

こちらとしては、大変疲れるパターンが流行り出した。すぎ去るのを待つしかない。

おやすみなさい。

ゴルフ

ゴルフ。テンダラーの浜本さんと、ゴルフ。ベストスコアの、82が出た。
そしてゴルフは終わり……各々の旧車で、大阪まで一緒に帰る。
僕と浜本さんは近所に住んでいて、帰り道も同じ。
浜本さんは、車が大好き。特に旧車が大好き。二台並んでのドライブ大好き。
とっくに大人だが、中学生ぐらいの感覚を多く残している。永遠の小年だ。
帰り……ゴルフ場から出発するときも言っていた。
「やっと、お前と二人で、ちゃんと走れるなぁ」
『……はい……』となった。
僕は、今の車に乗り始めて八年ほど経つ。新鮮味は皆無。
しかし、浜本さんは、今乗っている旧車を購入したばかり。

毎日でも乗りたいぐらいだと、言っていた。

会話に温度差がある。


ゴルフの際、帰り道が同じでも、特に「連なって走ろう！」とは、ならないものだ。

ペースを合わせて走ると危ない、というのもある。

でも浜本さんは、今の車になってからは、「毎回一緒に帰ろうや！」と誘ってくる。

全く嫌ではないが、温度差は否めない。


そして、今までに二回、一緒に走り、二回とも僕は道を間違えている。

「じゃあ、西森が前走ってぇや！　道分かるやんな？」

『はいっ！　分かります！』元気良く返事をして、二回とも間違えた。


一度目は、三号神戸線、兵庫からの帰り道、淀川を渡った辺りの降り口で降りるはずが、すぐ手前の分岐点に入ってしまい……

到着直前で、ギュイーンと逆に曲がって、ＵＳＪへ。ＵＳＪ内に家はない。

申し訳なかった。


仕方なくUSJ手前の降り口で、一旦降りた。

入ってはいけない分岐点へ入り……間違えた、と気付いた後も……

当然、浜本さんは、後ろをついて来ている。

心の中で、『うわ～、すんませ～ん』を連呼しながら走る。

『浜本さ～ん、良い音させて、快走してはりますけど、これ逆向きですね～ん』

心の中で連呼する。

『電話しようか？　電話するべきや！　でも、すぐどっかで降りて、降りてから、謝ろう』言い訳しながら走る。


USJ手前の降り口で降りた。全く家ではないが、それでも浜本さんは怒らない。

「ここ、どこやね～ん！」笑いながら叫んでいた。優しい。

『すいませ～ん、間違いました』

「やろうなぁ……どこ行くんかなぁ、思て付いて行ったら、ここ、どこやね～ん！」

二度目のランデブーでも、同じような間違いをした。そして、今日が三回目。

今日は、間違わないように走る。

ゴルフ場は、奈良の山奥。

行きとは反対の、南の方面から名阪国道を通って帰ることになった。


「西森、道分かるやんなぁ？」

『はい！　分かります！』

「じゃあ、前走ってくれる。お前の後ろ、ビタッと付いて行くわ！」

『はい！』


走り出した。カーナビに、どう打ち込んでも、行きしなと同じ道になる。

帰りは反対側から帰りたい。途中、再検索を自動でナビが行うまでは、自力で走る。

そして、十分ほど走ったところで、ようやく名阪国道にナビがロックオンした。


これで、一安心。後は、ナビに従うだけだ。

ゆったり走っていた。すると、なぜか行き止まりに突き当たった。

そこから先へは進めない。

「布目《ぬのめ》ダム」というダムに到着していた。

ダム内に家はない。　ダムの管理室が見えている。


止まって車から降りる。　後ろを走っていた浜本さんも降りてきた。

「誰がダム行きたい言うたんや〜〜！」　叫んでいた。

『すいません、ナビ通り来たはずなんですが……』

「誰がダム行きたい言うたんや〜〜！」

二回、叫んでいた。　が、怒らない。　優しい。


古いクソナビのせいで、間違えた。

ナビの発売当時は走れたが、今は走れない道に、ナビゲートされてしまった。

今度こそ、あのクソナビを捨てよう。

クソナビには入っていない、「できて間もない道」に捨ててやろう。


おやすみなさい。

オッサン

休み……一日、二人の子供の面倒をみる。

三歳息子が、朝からリビングで喋りまくる。

こっちが気前よく、質問に答えようものなら、丸一日、隙間なく質問をしてくるほどだ。

「昨日、オッサンおったで〜!」オッサンという新しい言語を仕入れたようだ。

わざわざ報告されなくても、至る所にオッサンは居る。

しかし、仕入れたてで、言いたくて仕方ないのか、執拗《しつよう》に、オッサン、オッサンと、訴えかけてくる。

『いや、パパもオッサンやん!』

オッサンの目撃報告を今しなくても……「毎日、目の前にいる」という意味を込めて、言っておいた。

すると……

「パパは、オッサン違うで！」

『オッサンやん！』

「パパは、オッサン違うで！」

『なんでなん？』

「だって、パパ……カッコイイや〜ん」


語気が強い。おちょくっては、いないようだ。

現段階では、カッコイイと認識しているみたいだ。

息子は……人間、三年目にして、既に目は節穴。


『パパ、カッコイイか？』

「パパ、めっちゃ、カッコイイで〜！」


これまた、強語気。しかも、めっちゃらしい。何を基準にカッコイイとしているのかは不明。

おそらく……僕より年上の、特にカッコ良くない、ほとんどおじいさんのことを、オッサンと位置付けているようだ。

そして昼前、食材を買うため、いつものように三人で近所のスーパーへ。

「あれは、オッサン!?」

とてもとても大きい声で、おばちゃんを指さし、僕に聞いてきた。

『やめなさい！　あれは、オッサンちゃう』

おばちゃんには、聞こえないように、耳元で囁く。

厄介な、言語を仕入れられた。

そこからはもう、「あれは、オッサン？」の嵐。

「ジュース買ってほしいなぁ……」

『ジュースか、分かった買ったろう……』

「イエ〜〜……、あれは、オッサン？」

『やめなさい！』

油断も隙もない。
絶妙な、タイミングで、発してくる。
オッサンて、教えたん誰や！
おやすみなさい。

若い女の子たちへ

モンスターエンジン、漫才とトークの単独ライブ。
お客さんの年齢層は、様々。　日本人をギュッとしたような、年齢層。
女子高生は二人だけだった。
他の若手のライブには、女子高生が沢山いる。　どこへ行ったのか。

《どこかへ行った、若い女の子たちへ。》

お元気ですか?
若い女の子たち以外は、だいたい全員来てますよ。
どこへ行ったのですか?
男性もかなり沢山、来てくれています。

若い女の子たちだけが笑えないようなネタを、している訳では無いですよ。
家では五歳のムスメを笑わせているので、大丈夫です。　ライブでも笑えますよ。

他のイケメンの結婚していないコンビのところへ行ったのですね。
どうですか？　熱狂的に、やっていますか？
劇場からの帰り道、後をつけていたりしていますか？

サインを毎回のように、ねだってるでしょ？
そのときに、「名前をお願いします」と言った後、わざと沈黙して……
名前を覚えてくれているか、確認してないですか？
そう、覚えられるものでは無いですよ。

どうですか？　ファン同士で揉めたりしていますか？

お笑いに全く興味がない振りをして、今夜もまた、コンパに紛れ込んでいますか？
たいがい、バレてますよ。
「○○は知ってる？」『え、知らん誰それ』
「じゃあ、○○は？」『あ、なんか聞いたことある』
その、今「聞いたことある」と言った芸人は、世間では誰も知らないよ。
劇場入り浸《びた》りファンと、バレてますよ。

劇場へは入らずに、出待ちだけで、半日過ごしたりしてませんか？
そして、「○○さんは、もう帰りましたか？」と、
他のどうでもいい芸人に、聞き込みしてないでしょうね！
あれ、腹立ちますよ。「知るか～」って言いそうになりますよ。

今僕は、ライブが終わって帰っていますが、出待ちが一人もいません。
後ろから、足音が近づいて来て……もしや？　と振り返ると……
だいたいは中国人観光客です。
お元気ですか？　また暇があれば、ライブにお立ち寄り下さい。待っています。

PS　チャリンコに乗っている僕を見つけてクスクス笑うのは、やめて下さい。
僕も、チャリンコぐらい乗ります。

おやすみなさい。

内藤君

551蓬莱《ほうらい》の、豚まん工場でロケ。ロケ中にボケで、豚まんなどを沢山食べた。
「おいっ、商品を勝手に食べるな!」的なボケだ。
隙を見て、さっと食べたり、わざと堂々と食べたり。

昼すぎにロケは終わった。
終わる頃には、それらでお腹い〜っぱい。
お昼ご飯は、それで終わり。どうせ食べれないので、追加はなし。

哀しい食事だ。

グルメロケでもない、工場のロケで、カメラが回っている間のボケによる、不本意な食事。その日のお昼は、それで終わり。

とても哀しい食事だ。

小学一年生のとき、団地に住んでいた。
同じ団地に、嫌な男が住んでいたのを覚えている。
内藤という小六男子だ。

小一の集団で遊んでいると、度々現れては、ジャイアン的な振る舞いをしてくる。
しかも、いざというとき、助けてくれない、愛なしジャイアン。
同級生の間では誰にも相手されず、下級生を舎弟《しゃてい》扱いして遊ぶ……
どの街にも一人はいるクズだ。

顔は悪党そのもの。総評すると、腹立つ顔だ。
なにせ、腹立つ顔なのだ。

小一と小六の体格差は圧倒的で、誰も逆らえなかった。
その日も、小一集団で団地の中庭で、ミニ四駆で遊んでいると、やって来た。

仲間の一人が、買ったばかりのミニ四駆を、奪い取られ……

「内藤君、やめてぇやぁ～……」

『あとで返したるから！』　いつものやり取り。

内藤君の汚いパーツを組み付けられ、ダサい改造をされたり、勝手に穴を開けて軽量化されたり、と散々だ。

そこへ、内藤君の同級生が通りかかった。　内藤君は……奪い取ったミニ四駆を素早く手放し、

「俺、ミニ四駆してなかったことな！」　いつものやり取りだ。

今思い出しても、殴りたい。

同級生の前ではバツが悪いので、毎回これ。

そんなことをしなくても、同級生の中で下がりきった内藤君の評価は……

もうそれ以上、下がりようがない。

そのときも、同級生の女子に、ひそひそ話をされていた。

同級生がすぎ去ると、家に来るよう命令された。外では、また評価が下がると思ったのだろう。

全員が、小一の持てる全てのファクターを使い、回避しようとするが、抜け出せる確率は3％……もし、言い訳が嘘だとバレると、大目玉を食らう。

博打《ばくち》にも出られず、雁字搦《がんじがら》め。
行くしかない。こっちは確か三人ほどいた。行きたくない。

内藤君の家には、ちゃんと人を噛む犬がいる。
行きたくない。内藤君が飼い主だから、それは必然。
噛まない訳がない。犬側も僕らを舎弟と位置づけている。
犬種はコリー犬。賢いはず。
今となってはそう思うが、そのときは、その犬種は皆、噛むと思っていた。
団地はペット禁止だ。しかし内藤家は無法地帯。そんなことは関係ない。
ちゃんと人を噛むコリー犬を、室内で飼っている。

仕方なく家へ入る。ほぼゴミ屋敷。

ダイニングテーブルを、ゴミ置き場として使っていた。

内藤君が、バカ犬のご飯を作り出した。

銀のボールに、冷ご飯、ちくわ、かつお節、味噌汁など入れ、キッタナイご飯を作り出した。


あんな汚い物ばかり食べているから、人を噛むのだ！　と、小一ながら思う。

内藤君は、僕らが来てすぐに、「ゆっくりしといて」的なことを言ったが……

ゴミだらけで、服が汚れるのが嫌だったので、全員立っていた。

内藤君、銀のボールを持って、バカ犬の元へ。

バカ犬は舌を出し、ハアハア言っている。

そのバカ犬の横で……内藤君がムシャムシャ食べ出した。


お前が食うんかいっ!!

奥歯を噛み締めながら、心で叫んだ。「お前が食うんかいっ!!」
内藤君の飯だった。
気持ち悪すぎて、未だに覚えている。

銀のボールに無造作に、食材を投げ込むという、巧妙なフェイント。
誰でも引っかかる。

全員びっくりしていた。
が、誰一人として「お前が食うんかいっ!!」と発した者はおらず。
傍観するしかなかった。

犬と兼用みたいな汚い飯なので、途中、犬にもあげてた。
僕らは、しかめっ面になろうとする顔の筋肉と、格闘しながら傍観。
哀しい食事すぎて、未だに覚えている。

おやすみなさい。

スーパーヒーロー

夜、僕が二人の子供を、風呂に入れた。

どちらかが入れて、引き上げた方が、三歳息子の服を着せ、のち、両方の髪の毛をドライヤーで乾かすルール。

二人、入れると疲れる。なので、入れ終わった後は、一階の自分の部屋でくつろぐ。

ヨメと子供たちは、二階のリビング。

ヨメが、大声を張り上げている。

「二人とも、風邪引いてるんやから、スーパーヒーローは、やったらダメ〜〜！」

たぶん、前に見た、首にバスタオルを巻いて走り回る行為だと思われる。

見えてはいないが、その光景が、目に浮かぶ。

一定の間隔を空けて、聞こえてくる。

「スーパーヒーロー、やめなさい！　早く服着て～」

依然として、僕は一階にいる。

が、その「スーパーヒーローやめなさい！」は、テレビの音を掻き消すほどの貫通力。

ヨメの声の貫通力は、服屋の店員の「いらっしゃいませ～」の、およそ三倍。

一階のテレビの音を、少し大きくする。

「スーパーヒーローやめなさい！　二人とも、風邪引いてるんやから～」

『キャ～～』ドタンドタン。

テレビの音、上げる。

「スーパーヒーローは駄目って言ってるやろ！　スーパーヒーローは、風邪治ってから～～」

一階で、僕は思う。

わざわざ毎回「スーパーヒーロー」と、はっきり言う必要はあるのか？　思う。
「やめなさい！」だけで良いはず。　思う。
それは……笑わせるために、スーパーヒーローと、わざと毎回全部言う、ツッコミの「やり口」だ。

一階で一人、静かに思う。

「二人とも……ええ加減に、しいや！　やめなさい」
普通に指摘するパターンが、やっと来た。

「……スーパーヒーローはっ！」
倒置法だった。　倒置法での、スーパーヒーローだった。

そして、また思う。

「スーパーヒーローなら、逆にええやん」とも思う。
「スーパーヒーローなら風邪なんて引かんから、その方がええやん」とも思う。

だからこそ「スーパーヒーロー」は、付けずに指摘しろよ……と思うのだ。

「全知全能、やめなさい」みたいなもの。全知全能なら、もうええやん、と思ってしまう。

そこからも、当分の間、「スーパーヒーロー」は、続いた。

おやすみなさい。

修学旅行

京都に修学旅行に来ている中学生の前で、漫才。
旅館近くの、キャパ三百席ほどの劇場でやった。
漫才が終わり、プレゼントコーナー。「よしもとグッズ」をプレゼントする。
モンスターエンジン対、生徒のじゃんけん大会を始めようとした。
すると、一人の女子生徒が、手を上げた。
あててみると……
「私、歌います！」
なんで？　……誰も、そんなことは頼んでいない。全く意味が分からない。
モンスターエンジンを無視する形で……
その女子生徒は、勝手にステージへ上がってきた。

誰も頼んでいないのに、小走りでやってきた。
そして、誰も頼んでいないのに、歌い出した。
僕らの漫才のときより、遥かに盛り上がっている。
追い剝《は》ぎにあった気分。
頼んでいないが歌ってくれたので……
仕方なく、三つあるうちの一つのプレゼントを、その子にあげた。
追い剝ぎにあった気分。　なにこれ……。
その子が自分の席に戻ったので、じゃんけん大会を再開する。
すると、また……一人出てきた。今度は男の子。誰も頼んでいない。
周りの生徒が、けしかけている。「行け、行け！」言うてる。
仕方ないなぁ、みたいな感じで、立ち上がった。

モンスターエンジンは、その子に「上がってきて下さい」とは言っていない。
が、勝手に上がってきて、ギャグをやり出した。
誰も何も、そんなことは頼んでいない。

じゃんけん大会だと言っている。

彼らより四半世紀前に生まれた中堅漫才師が、じゃんけん大会だと言っている。
だが、誰一人、聞きやしない。

男の子、ギャグをマンキンで、やり出した。
臆することなく「そんなの関係ね〜〜！」と、人様のギャグを絶叫している。
モンスターエンジンの漫才より、遥かに盛り上がっている。

中堅漫才師が、何度も、じゃんけん大会だと言っている。

追い剝ぎにあった気分。

頼んでいないが、仕方がないので、プレゼントをあげる。

最後の一つだけ、じゃんけん大会をした。

普段なら、このじゃんけん大会というものは、大変、盛り上がるが、二人のお陰で、大して盛り上がらず終わった。

追い剝ぎにあった気分。

でも、この二人の勇気を、少しだけ分けてほしいとも思った。

おやすみなさい。

いつか来るその日のために

ギャロップの林さんは、ハゲている。若ハゲだ。
知らない人は、先に調べてほしい。
林さん……我々は、いつか来るその日のために、家族総出で頑張っています。

リビングで僕が携帯をいじっていると、三歳息子が寄ってきた。
「ハゲ、見せて〜」
林さんのことだ。携帯にメモリーされた、林さんの写真を子供に見せて……
『これは、ハゲ!』と教えたからだ。
毎回、ニコニコしながら寄ってくる。そして「ハゲ、見せて〜」言ってくる。
沢山の写真の中から、僕がスクロールして選び出す。

タップして、林さんを大きく画面いっぱいに。
すると息子……「ハゲっ！」
『そうやな、これはハゲやな！』
「ふふふふふ」　何が楽しいのか、喜んでいる。
タップし、大きくすると、「ハゲっ！」
違う林さんの写真を探す。見つけてタップ。
「ハゲっ！」『そうやな！』「ふふふふふ」　喜んでいる。
林さん。
我々はいつか来るであろう、その日のために、家族総出で頑張っています。
おやすみなさい。

西さんへの手紙

日記の本が出る。
本の打ち合わせをして、帯は小説家の西加奈子さんに、書いてもらうことになった。
快諾だったらしい。
五年以上前に、雑誌の対談をコンビでしたことがある。しかも、向こうからの指名だ。

なので、頼んだ。

メールやLINEでお礼を言うのは違う、と僕は思う。
よって、手紙を書くことにした。しかし、手紙の書き出しが、よく分からない。

調べてみる。出てきた。

秋の季語を使った十月の時候の挨拶。プライベートな文書のパターン。

◆仲秋の候、いかがお過ごしですか？
意味が分からん。「ちゅうしゅうのこう」
今、調べたから読めるけど、初見だと僕ぐらいの学力では、読めもしない。
この書き出しにしたら、調べて書いたのが、バレバレ。

他の例。
◆紅葉の色づく季節になりました。
他
◆秋色、いよいよ濃く、夜長のころとなりました。
他
◆紅葉、日々に増す十月。お元気でお過ごしですか。
他
◆柿の実の色づく頃となりました。
調べるまでも無かった。同じようなものばかり。

自分で考えたものにしよう。考えます。今、いくつか考えた。

◆秋の刀《かたな》、秋刀魚《さんま》にとっては、身の毛もよだつ季節になって参りました。
そもそも、普通の刀も秋に存在する訳ですから、
『海の刀』と表記する方が望ましいと思う今日この頃、いかがお過ごしでしょうか。
この度は、帯を書いて頂き……
と書き出そうか……。

◆栗を剝《む》きすぎて、指先が痛く、何を触っても少し冷たく感じる季節になりました。
パッサパサの栗を、引き当ててしまい、眉毛がハの字になっていることと思われます。
この度は、帯を書いて頂き……
他

◆朝晩が冷え込み、分厚めの布団で寝てたら、その朝は急に気温が高くなり、

起きてみたら、寝汗でビショビショになる季節になりました。
羽毛ぶとんを出すタイミングを見計らっての、お過ごしと思われます。
この度は、帯を書いて頂き……
他
◆ターミネーターでも「過ごしやすいなぁ」と呟く季節がやって来ました。
この度は、帯を書いて頂き……
他
◆松茸…………この度は、帯を書いて頂き……

こんな感じでしょうか。実際に僕、書きます。

おやすみなさい。

「凪ちゃん」こと、渋谷凪咲さん

女性だけのネタの大会、『THE　W《ダブリュー》』の一回戦のMCをした。

驚いたことに、同じラジオのレギュラーのNMB48の「凪《なぎ》ちゃん」こと、渋谷凪咲《しぶやなぎさ》さんが出ていた。

舞台裏では密着のカメラが入るほどの、熱の入れよう。

AKBの番組で放送されるそうだ。

いつもの舞台とは違い、かなり緊張しているようだった。

ネタ前、密着のカメラの前で、無償で喋らされた。

凪ちゃんは、緊張を和らげるために、お守りをポケットに忍ばせていた。

「緊張するんで、これ持って出るんです」

『それ何?』

「死んだ、おじいちゃんと、おばあちゃんの写真です!」

『え？　そんなん持ってきたん？』

「はい、形見なんです」

そう言いながら……

おじいちゃんと、おばあちゃんの写真が、はめ込まれたキーホルダーを見せてくれた。


戦争やと思《おも》てんのか！　形見って！

大げさ。


本業ではないこの大会で、形見を持って行くなら……

ＡＫＢ総選挙のときは、仏壇ごと持って行かないと、成立しない。

仏壇片手に「投票して下さった皆さん、ありがとうございました！」

言わないと、おかしくなってくる。


何ならもう台車に……仏壇、骨壺、アルバムなんかを山積みで「投票して下さった皆さん」と言わないと、僕は納得しない。

そして、凪ちゃんの本番がやってきた。 くまなく観させてもらった。
オナラとか、臭いとか……それ系のことばかり、言っていた。
ポケットに形見が入っている人間とは、思えない内容。
オナラなどを連呼するネタに、形見として連れて行かれた方の立場。
キーホルダーの中で「凪咲〜〜！」叫んでたと、思う。
「凪咲〜〜、そんなネタなら、付き添わなかったよ〜」叫んでたと思う。
なぜか、ムスメの運動会での「マスゲーム」を見ている感覚になりました。
おやすみなさい。

親知らず

もう、終わらんのかと思った。三時間かかった。
親知らずを抜くのに、三時間かかった。ジャスト、三時間。
麻酔だけでも十二、三回打たれた。本当に辛かった。

終わって、処方箋を渡され、横の横の建物の、古〜い薬局へ。
お爺ちゃんが一人で、切り盛りしていた。

僕しか居ないのに、受け渡しまでトータル二十分、かかった。
薬は、ありきたりな頓服薬と抗生物質の二種類だけ。

十五分経ったあたりで、お爺ちゃんがカウンターに戻って来て……
頓服の方を、ジェネリックにするか、聞いてきた。

かなりイラッときた。

まだ、その段階なのか？　今まで何をしていたのだ？　という思いを訴えた。
でも、ジジイは、質問には答えない。無理問答が、全部で四回続いた。
その度にジジイは、聞いてもいない、薬の説明をしだしたので……
僕は、はっきり「もういいです」と発して、処方箋を取り上げようとした。
……すると……ヒョイっと、上に避けられた。

毎回このやり取りを、あらゆる人とやっているのかと思わせる、フットワーク。
酔拳の先生みたいな、身のこなし。

ちょっと、笑いそうになってしまった。
取り上げようとしたものを、取られないようにヒョイっ。
薬局でこれをやったのは、僕とあのジジイだけだと思う。

そして、僕の五回目の同じ質問で、ようやくジジイは答える……
「パソコンに、打ち込まないといけないので」

はあ？　……だ。

そういえば、待っている間、「ダン……ダン……ダン……」と、遠くの工事現場から聞こえるような、一定のリズムの音が鳴っていた。

奥で、薬を粉から固形にしているのかな？　と、フンワリ思っていた。

が、違ったのだ……パソコンのキーボードを、あの遅い一定のリズムで、ダンッダンッと叩いていたのだ。

かかった時間からしても、三分の一は、間違って押して、やり直して、だったと思う。

三時間の後に、ありきたりな薬に二十分。

散々な、一日だった。

おやすみなさい。

ウンチ、オシッコ、オッサン

朝、仕事に出かける前に、二階のリビングへ挨拶。

「行ってきま～す」一応言う。

すると息子、『行ってらっしゃ～い、オッサ～～ン！』

まだまだオッサン大流行。

そして、言うたった！と、言わんばかりの表情。ニヤニヤしている。

息子は今、年齢的にも、非常に面白くない時期に差し掛かっている。

ウンチ、オシッコ、オッサン。その三択で生きている。長引くと、お互いにとって良くない。

たまたま、大喜利的な質問を、こちらがしたとき……

この三つのどれかでしか、答えない。

言い出した当初に、甘やかすような、突っ込みをしすぎたようだ。

「お昼は、何を食べたい？」『ウンチ〜〜！』
「なんでやのん！」『あっくんは、ウンチ〜〜！』
「ウンチなんか、食べへん！」『ふふふふ』

毎回、突っ込み待ちをしている。そして、突っ込まれると、ニヤニヤ。
甘やかしすぎたようだ。
接待して些細なことにまで突っ込む後輩芸人を、僕はやってしまっていた。

一度……本当に「ウンチ」を出してやれば良かったのだ。
一度でも、皿に盛られたウンチを目の当たりにすれば、二度と言わないだろう。
『ウンチは嫌〜〜！』　泣き喚くだろう。
今からでも、まだ遅くない。やってみるべきか。
ヨメがいない二人きりのときを見計らって、やってみるべきか。

タイミングを間違い、ヨメが帰って来たら、どうしよう。

皿に盛られたウンチを見たら、何と言うだろう。


『いや～～、これ、何してんの!?　クサッ！』

「いや、あっくんが、お昼はウンチ食べる、言うから」

『何言うてんの！　こんなことしてええと思ってんの！　すぐ捨ててきて!!』

「教育のために、やったんやけど……このままでは、お互いにとって良くないから……」

『何がやのん！　アンタ、気～狂ってんのか！　クサッ！　窓も開けて～！』

「ウンチなんか、食べたらアカンでってことを……」

『もうええから、すぐ捨ててきて！　早く！』

「何でもかんでも、ウンチ言うといたらええと思ってるのを、改めさせようと……」

『黙れ!!　お前が改めろ!!』

「お前も、全部の質問にウンチで返されるの、ウンザリしてたやろ?」

『もうええから、はよ捨てて来いや!!』

「普通に食べ出したら、お手上げやけど、まあ食べはせんやろ」

『当たり前じゃ！　誰が食うねん、こんなもん』

「食う人、おるけどなぁ……」
『ええかげんに、せえよ！　はよ捨てて来いや!!』
「一応その皿は、後で使えるように、ラップ敷いてあるから……」
『使う訳ないやろ!!　捨ててこい！　もうええわ、貸せ〜、や〜〜!!』

ヨメが、窓からウンチを投げてしまった。

今日も、訳の分からん想像をして、脳ミソの無駄遣いをしてしまった。

おやすみなさい。

大きな穴

三日前に、親知らずを抜いた。


今日は「東大阪のふれあい祭り」で漫才。

親知らずを抜いたところには、とてつもなく大きな穴が空いている。

「その穴は、なんですか？『フリスク入れ』ですか？」

言われても仕方がない大きさ。


デート中、突然、良いムードになって、キスをしようとする際……

あからさまにフリスクを食べると、冷めてしまう。

でも、僕のように「フリスク入れ」があれば、朝、入れておいたフリスクを……

さりげなくベロで取り出して、直前に食べられる。便利な穴だ。


そして、穴あり、顔腫れ状態で、漫才。

雨の中ではあったが、普通に漫才をしていた。

すると……漫才中に、その大きな穴から、何日前の、どの食事の時のものか分からない、「デッカイ肉」が出てきた。

鶏肉のような、豚肉のような、もうこの時点では、何かは分からない。

デッカイデッカイ、メントスサイズの肉。

「フリスク入れでは、なかったのか!?」と、抗議したいぐらいデカイ。

デカすぎて、一旦、上唇の奥などへ、留めておくこともできず……。

漫才中……仕方なく……食べた。

芸歴十七年。漫才中に、あんなに大きな肉を食べたのは初めてだ。

気持ち悪かった。いつの、何の肉だろう?

やんわり、腐ってたような。複雑なプロセスで、食中毒になるかも知れない。

おやすみなさい。

神様のネタ

京都のKBSの社屋で、漫才二回。
日本生命の保険加入者を、三百人ほど招待しての漫才。
日本生命の社員の人から、「ぜひ、神様のネタをしてほしい」と言われた。
なので、ガッチリ衣装を着て、というか、
黒のスパッツを穿いただけで、上半身は裸だが、正規の格好で神様ネタをやった。
出て行ってすぐに、神様ネタをやった。持ち時間は十五分。
神様ネタは、どう伸ばしても二分。残り十三分余る。
一度はけて、着替えてから漫才をするのも、盛り下がると思い、裸のまま漫才をした。
途中、僕の胸を大林が叩くくだりがあったが、とてつもなく痛かった。
「ペシーン」と、破裂音が会場に響き渡る。

徐々に、その叩かれた部分が赤くなり、訳の分からないタイミングで笑いが起きる始末。

見ると、赤い手形がくっきり。

それを二ステージこなした。

二回目も、寸分の狂いもなく、全く同じところを叩かれた。

二回叩かれたのに、手形は一つだけ。どこを精密にしとんねん、思った。


嘘です。この日記は、嘘です。作り話です。

本当は、日本生命の加入者の貸し切りで、二ステージ、ごく普通の漫才をしただけです。

神様ネタは、しておりません。

どこまで騙せるか、書いてみました。
「二回叩かれたのに、手形は一つだけ」これ、気に入っています。
でも、これ、嘘です。
皆さん、気を抜かないように……嘘でした。
おやすみなさい。

続・西さんへの手紙

本の帯を書いてもらった小説家の西加奈子さんに、手紙を出した。

西さんへ

ターミネーターでも「過ごしやすい気候やなぁ」と、呟く季節が来ましたね。

これでいきました。

おやすみなさい。

マウスピース

マウスピースをくわえて、ゴルフボールを打てば、飛距離アップに繋がるのでは？
……と思い、マウスピースをネットで購入。

僕は、どうでもいいことにだけ、バイタリティーを注いでいる。

半透明の樹脂製のマウスピースで、それをお湯につけて柔らかくしてから、
口に入れる。
そして、前歯の辺りを指で押して密着させながら、歯で強く噛んで、
数分待つと、完成。

説明書を読むと、そう書いていた。
書いていた……が、それは、こちらが大幅に汲み取って理解しただけのこと。
もろの、外国製。 日本語の説明書も、あるにはあったが……。

説明文を、そのまま書き記します。文面。

「第一歩　青いハンドルを、トレーの息穴に差しこみ、その後、容器に入れる」

第一歩って。修行やん。

「第二歩　トレーが水浸させたまで、暑い水《七十～八十度》を容器に入れる」

誤字だらけ……「水浸させたまで」って、なんだ。

「暑い水」と書いている……「お湯」が、出てこなかったようだ。

そして、熱い水の「熱い」が、猛暑の方の「暑い」になっている。

「第三歩　トレーを水に入れたまま《約一五～二五S》保ち、そして、ハンドルを使ってトレーを取り出す」

水に入れたまま……暑い水では、なかったのか、コロコロ変わる。

「第四歩　余計な水を軽く、振るい落とされて、且つ、口トレーを口に差し込んで、快適な位置にトレーを調整してから、噛みづいて離さない。指を使って、トレーの全面と両側に、歯と歯ぐきの形を形成させて、良い金型を作る」

第四歩は、もう無茶苦茶。誰も金型なんて作っていない。
そして……「噛みづいて離さない」……急に東北訛り。
「噛みづいて離さない」……急なスッポン扱い。
「余計な水を軽く、振るい落とされて」も、おかしいが……
おかしいところだらけで、何が何やら。
よくよく、何度も読み返すと、マウスピースのことを「口トレー」と呼んでいる。
非常に分かりづらい。

「第五歩　すべての歯は、良い形を残されると感じると、トレーを外す」

この辺りでまた「第何歩」が、気になり始めた。
そして「良い形を残されると感じると、トレーを外す」……
これまた急に、こちらのさじ加減に頼り出した。明確な秒数は表記なし。

「第六歩　成形したトレーを、冷たい水に入れて、イビキを防ぐトレーを固定させ……」

ほんでこれ……イビキ防止用マウスピースでした！

間違って買ってました。

「……イビキを防ぐトレーを固定させ、且つ差し込み、ハンドルを取り出す」

やっと、説明文が終わった。結局、間違って買っていた。

いや、「まじがってぇ〜、買うてしもたぁ〜」

でも、笑わせてもらったので、良しとしよう。

おやすみなさい。

コンビニ行くよ〜

「コンビニ行くよ〜」

夕方、一階玄関から……二階リビングでモタモタしている息子を呼ぶ。
今日は休み。休みばっかりだ。
ヨメはパート。ムスメは幼稚園。
朝からずっと、三歳息子と二人きり。

昼前に息子とイオンへ行き、家でお昼を食べさせ、少し経った夕方……
おやつを買いに、コンビニへ行こうとしていた。
二階リビングから、僕だけが先に玄関へ。

が、息子がなかなか、降りて来ない。

「何してんの〜〜?」何度も呼び掛ける。何も返ってこない。

漫才中よりも大きい声で、催促する。

「早く〜！　何してんの〜〜？」返ってこない。

子供は、自分に都合が悪いことには、平気で返事を怠《おこた》る。

大声を張り上げたくはないが、仕方なくの絶叫。

「行けへんのか〜？　何してんの〜〜？」


『でんぐり返りしてる〜〜』


まさか「でんぐり返り」をしているとは。クイズにされても、絶対に当たらない返し。

しかも、なぜ今。

「おやつ」VS「でんぐり返り」で……でんぐり返りが勝つとは。

笑うのを我慢して「早くして〜〜」と催促する。


やっと降りてきた。でもなぜか、下半身だけ裸だった。

フルチンのまま、悠然と階段を降りて来ている。

ゆっくり降りながら、『でんぐり返り、しててん』

伝票整理をしていたときの、言い方。
裏っ返しで、ひとまとまりになった、パンツとハーフパンツを、握り締めている。
この出で立ちのままコンビニへ参上してやるぜ、と言わんばかりだ。

「何してたん？」
『これを、でんぐり返り、しててん』

オシッコへ行き、脱ぎ捨てたパンツとハーフパンツを、元に戻すことを……
「でんぐり返り」と表現していた。

通常の「でんぐり返り」も、既に息子の頭にはインプットされている。
でも、これも、でんぐり返りらしい。独自で生み出した言葉を、平気で使う。
不思議だ。
最終的に「コリン星からやって来た！」などと、言い出さないことを願う。
おやすみなさい。

頭のつくりは、芸術家

ＮＧＫでの出番。特に何も無し。

なので、書いておかなければならないことを、書いておく。


二十年ほど前……親父は、僕が二十歳のときに倒れた。

即、入院したが、病棟をたらい回しにされた挙句、原因は精神的なところから、と判断された。

要するに、頭がおかしくなったのだ。


病院の先生いわく……親父の頭のつくりは、芸術家らしかった。

単純作業などは向かないらしい。

同じ物を沢山作っては、いけないらしい。

親父は、鉄工所を経営していて、毎日同じ部品を大量生産している。

寄り道なし、ストレートで、頭がおかしくなったのだ。

担当の先生に、色々と指導を受けた。僕も付き添った。

親父はこのとき、マイナスなことばかり考えてしまう思考回路から、抜け出せなくなっていた。

なので、無心でできることを、奨《すす》められた。

ノートに文字をひたすら書く、木彫《きぼり》で置物を作る、などを奨められた。

単純作業は向かないのに、ノートに文字をひたすら書くのか？

思ったが……親父は家で実行していた。


親父は倒れてから半年間、仕事はしていない。

木彫で置物を作ったり、ノートにひたすら字を書いたり。

倒れてから数週間経ったある日、親父の部屋でノートを見つけた。


なんとなく、ページを開いてみる。　かなりキツ目の筆圧で、単語が書かれている。


「疲れる、疲れる、疲れる、疲れる、疲れる」

「疲労困憊、疲労困憊、疲労困憊、疲労困憊」

病気が酷くなりそうな単語の羅列。そこに……

「南天」という単語もあった。

「南天、南天、南天、南天、南天、南天、南天」

ページをめくる。

「のど飴、のど飴、のど飴、のど飴、のど飴、のど飴」

机には、南天のど飴の缶が置いてあった。

ページを分けずに「南天のど飴」で良かったと思う。

「書いておかなければならない出来事シリーズ」でした。

書き終わって思う。書かなくても、良かった。

おやすみなさい。

カウンターの男

僕は店のカウンターの端に、座っていた。
同じくカウンターの反対側の端に座るのは、三十代であろう痩せた男。
顔が、気持ち悪い。

僕が注文をして間もなく……その男は帰る素振りをみせた。
そして、カウンター内の、お姉さんに向かい……

「行くわ～……ごめんなぁ～、今日はあんまり喋られへんで……」
『いえいえ……二千五百六十円です』
「ごめんなぁ～、次はもっと、時間あるときに……」
『ありがとうございました～』

ここは、カレー屋や！　今はお昼で、ここは、カレー屋や！

カウンターだけの、食べたらスッと帰るカレー屋や！


何を言うとんねん。ガールズバーみたいな使い方すな！

迷惑そうにしてる、お姉さんのリアクションは無視か！

無敵か！　ほんで、二千五百六十円て！　何食うたんや！

酒の空きグラスがあるがな。メッチャ飲んだやろ！

今、十四時。コイツ絶対二時間ぐらいおったわ！　昼の忙しい時間から、絶対ずっとおったわ！

回転率が良くないと、やっていかれへんカレー屋で、強制ガールズバーすな！

だから俺が来たとき、ちょっと嫌そうやったんか！


おやすみなさい。

恒例行事

夕方、ムスメと二人で、イオンへ買い物。
着いてすぐ……僕のウンコが、漏れそうになった。
慌てて便所へ。子供といると、なにせ、この大便が面倒だ。
一人で個室に入って、外で待たす訳にはいかない。
いつ誰に、連れ去られるか、分かったものじゃない。
実際、子供が行方不明になるときは、ものの数秒目を離した隙に、いなくなるらしい。
その話を聞いてから、ビビり倒している。

なので仕方なく、いつものように、二人で狭い狭い大便器の個室に入る。
ムスメは嫌がったが、恒例行事なので、無理やり入れる。

洋式便器。
「狭小密室ウンコ」の場合、ムスメが毎度こっちを向くので、目が合う状態でする羽目になる。

何歳まで、これができるのか？　毎度思う。
僕が鍵をかけ、ベルトに手をかけようとすると……
「ソヨちゃんも、したいわ～」と、先に便座に座りだした。
駆け込み便座にも程がある。
『ちょっと、待って～、パパがしたい言うて、入ったんやん！　なんで先するん!?』
と、同年代同士の言い合いに。
納得いったのか、いってないのか、「とりあえず感」まる出しで、便器を譲られた。
目の前にムスメ。手を伸ばせば、胸倉を掴める距離。
仕方なくブリブリする。気まずい。
お見合いで、当事者二人だけにされた瞬間の気まずさの1・7倍。
僕はウンコをやり終えるまでのスピードが、半端なく速い。

大会があれば、大阪代表になっている。それが、せめてもの救いだ。

無事終わって、水を流し、ズボンを穿く。

ジャーという雑音の中、お互い無言で、ポジションチェンジ。

職人同士の「あうん」の呼吸。

後攻、ムスメの攻撃。

ズルスポッ！　擬音にすると、ズルスポッ！

って感じで、「スパッツ」と「パンツ」をまとめて下ろし、スポッと、便座に飛び座った。

ジョロジョロ…ジョロ……ジョロ……退屈そうに真正面を向いている。

よくその尿意で、僕から便器を奪い取ろうとしたものだ。

トイレットペーパー、カラカラ……取りにくそうだったので、軽く助太刀《すけだち》。

「ありがとう」も無しで、退屈そうに拭いている。

ムスメ……便座から降りて、足首にあるスパッツとパンツをまとめて、上へグイ～。

『ええわ、パパが流すわ』できるだけ、便所の中は触らせたくないので、僕が流す。

チラッと、便器の中を覗いたら……デカいウンコがあった。

ウンコしてた。全く気張る素振りも見せず、デカいウンコしてた。

退屈そうに、無表情で、ウンコしてた。ポーカーフェイス脱糞。

ジョロジョロジョロとしか、聞こえていなかった。

なので当然オシッコだけだと、高をくっていたら、立派なウンコ出現。

思わず、バカ笑いしてしまった。

『え？　ウンコしたん!?　今、ウンコしてたん？』

「うん……」なにか、ご不満でも？の顔だ。

『いや、オシッコだけやと、思ったから！　これ、ソヨちゃんのウンコやんな？』

「うん……」これしきで何を興奮しとんねん！の顔。

親子揃って、ウンコのスピードが半端なく速い。
どうでもいいところ、遺伝してた。
おやすみなさい。

前の文言、全部イラン

祇園花月で、バレンタインのイベント。
お客さんが、芸人にチョコレートを持ってくるというイベントだ。
人気のあるなしが、ハッキリする。
もう少ししたら、祇園へ向かう。イベントはまだ、これからだ。
人気がないというのに、どういうキャスティングなのか。どうなることやら。
そして、行ってきました。大林より人気あったよ。
その後、スーパーマラドーナの武智さんに誘われ、焼き肉。
食べていると、後ろのテーブルの三十歳前後の女性が、声を掛けてきた。
「すいません、あの〜、ずっと誰やったっけ、誰やったっけって、みんなで言うてて～……なんとか思い出して、『モンスターエンジンや～』って、なったんですよ……

写真、いいですか？　モンスターエンジンさん、ですよね？」

「写真、いいですか？」より前の文言、全部イラン。

失礼だ。そして、ギリギリ思い出せた人間との写真が、なぜ要るのか疑問だ。

終始、にこやかな女性だったが、失礼だ。表情と文言が合っていない。

「ご苦労様で～す」言いながら、ドミノを倒してくる、厄介な奴だ。

「お察しします～」言いながら、ロケット花火を撃ってくる奴だ。

「お待ちしてましたよ」言うくせに、鍵を開けてくれない奴だ。

なにせ、そういう、害が多めの人種だ。

次の日の朝、インスタグラムを見てみると、誰かが僕のことをタグ付けしていた。

インスタグラムの写真に、「モンスターエンジンの西森が載ってますよ」と、西森のアカウントを貼り付けるのが、タグ付けだ。

タグのところの色が変わっている。タップして見てみた。奴だった。奴のインスタグラムだ。

奴と僕らが、写っている。

タップすると、僕の顔に、僕のアカウントが表示された。

文章の内容は、「誰か分からんけど、見たことはある。必死に考えて、思い出した瞬間、『モンスターエンジンですよね』と声をかけた」というものだった。

インスタグラム上でも、失礼だった。日付を飛び越えた、追い討ちの被せ失礼。

そして、文の最後のしめくくりが、「おやすみなさい」。

こんな奴と、被ってしまった。俺の「おやすみなさい」を使うな。

「グッナイ」に変えようか。


いや、おやすみなさい。

長身のおじいちゃん

いつも行く、ダメコンビニ。　家から最短で着く、最寄りのダメコンビニ。
夜中二時に行った。
最近入った、長身のおじいちゃんが、レジをしている。
ビールを一本だけ買った。　会計が済んだ後、おじいちゃんは、言った。
「また、お越し暮らし、暮らし、暮らしませ〜〜」
ものすごい、言い間違い。
はっきり滑舌よく「暮らしませ〜〜」
言い直さない。　それぐらいの間違いは、言い直さない。　関係なしで、突き進む。
これが、この店ご自慢の「ブルドーザー接客」。

前は、違う店員のおじいちゃんに……
「はい、さいどう、だりあした～」言われた。
これが、ブルドーザー接客。
いつも、だいたい、そんな感じです。
おやすみなさい。

隣の楽屋

和歌山のホールで、漫才二回。
一回目と二回目の合間、隣の楽屋から聞こえてきた。
西川のりお師匠の大きな声だ。 楽屋の壁を貫通する、声の通り。
低いベース音みたいな声で、言うてはった。
「オッケーグーグル、三月十四日のなんばグランド花月の出番は？」
すぐメモした。
おやすみなさい。

早上がりハスキー

夜、一人で外食。
近所の王将で、ササッと食った。

二十一時半、一階カウンターで食べていた。

この王将は二階にも客席がある。二階から二十代前半の女性が降りてきた。
さっきまで、店員として働いてた女性だ。声がハスキーだったのを、覚えている。
この店は、二十三時半までだが、少し早く上がるのだろう。私服に着替えている。
私服の、早上がりハスキー。

早上がりハスキーは、階段を降りてきた。
残り三段で足を滑らせ、最後、ドンドンドンと、なった。
咄嗟《とっさ》に手すりを持つ。尻もちは、ついていたが、一大事には至らず。
右手で手すりに、ぶら下がった状態。この間、0・3秒。

そして慌てて言うた。誰も何も、コメントは求めていない。
だが……照れ隠しなのか、ブラ～ンの後……
間髪入れず、お客さんがまだ沢山いる店内に響き渡る大きな声で、言い放った。
階段をズルズル、お尻ドンドンドン、手すりバシ～～、ブラ～ン。
「反射神経には感謝やけど！　めっちゃ痛かった～」
黙っておけばいいものを。なにを大声で。
恥の上塗りだ。巨大塗装ブースで、恥の大上塗りだ。
他人のこのような発言ほど、耳を塞《ふさ》ぎたくなるものはない。
居合わせるこっちの顔が、赤くなってしまう。
「反射神経には感謝やけど！　めっちゃ痛かった～」
まだ残って働いている店員たちに向けてのようだ。

本人的には、恥ずかしさをご破算にしようと、必死だったのだろう。

しかし、言い訳がましい発言ほど、恥ずかしさ度合いが増すことを知らない。

なぜ、わざわざ大声で、報告してきたのだ。誰も何も聞いていないのに。


「反射神経には感謝やけど！」

階段を滑り出してから0・3秒で、よくこの文言が出てきたものだ。

染み付いて取れない言い回しなんだろうなぁ、と、食べながら思った。


好きな言い回しではないなぁ……食べながら思った。


道端でコケて、慌てて立ち上がる人がいる。あれを見たときも、思う。

「余計に恥ずかしいから、受け入れろ！」腕組みしながら大股開いて、言ってやりたい。

「すぐに立てば、コケたことになりませんからっ！みたいな感じやめろ！」言いたい。

「フィギュアスケートか！」

「戦国時代、ヤリ、山ほど飛んでき中か！」

言いたい。言いたい言いたい。


ゆっくり自分のタイミングで立てばいい。無しにしようとすると、悪化する。


飲む前に火をつけて、それを消してから、ウォッカを飲もうとしたが……

手に炎が移って、慌てふためいていた、居酒屋でバイトをしていた頃の、五歳年上の男みたいだ。


ウォッカに火をつけること自体、僕は知らなかった。

「え？　飲んだことない？　こうやって飲むんやで」と教えられた。

その直後、男の手が炎上。見ていられなかった。ざまあ見ろ！　などとは思わない。

とても、きしょい、と思いました。きしょ恥ずかし、と思いました。

僕の方が走って、逃げたかった。


通院確定の炎上時間だったが……男のくせに「ヒャ〜〜」と言った後……

できうる限りの低い声で、「あっつ〜〜」と繰り返していた。
熱くないように見せても、同じこと。
声を低く保っても、無かったことには、ならない。
色々思い……色々思い出しました。
おやすみなさい。

アマゾンのおすすめ

アマゾンから、メールが届いた。
あなたへのおすすめ商品のお知らせだ。届くようにしている。
開いてみる。

西森洋一様。
お客様におすすめの、新商品のお知らせ。
『声を出して笑っていただきたい本』（ヨシモトブックス）
わしが、書いたんや！　本人におすすめしてくるな！
家に膨大な量の、原稿あるし。

おすすめの文面を、詳しく読んでみる。

「神々の遊び」「ゴッドハンド洋一」「鉄工所ラップ」など、唯一無二の発想でお笑いファンを魅了してきた、モンスターエンジン・西森洋一。

彼が発明した、全く新しい笑いのスタイルが『日記ライブ』。

ただ日記を朗読するだけのライブが、なぜ、こんなに面白いのか？

孤高の天才芸人が切り開いた新境地、そのすべてがここに。

恥ずかしいわ！　褒めすぎ、褒めすぎ。

「孤高の天才芸人」って……ならもう激売れしてるやろ。

売れろ！　本、売れろ！

おやすみなさい。

自転車の鍵

昨日、子供たちと三人……自転車で公園へ行った。そのときに、ムスメは自分の自転車に鍵がないことを、懸念していた。

僕の入れ知恵のせいで、不安がっている。

以前僕が百均で買った、ダイヤル式の輪っかになった鍵を、ムスメの自転車用にとプレゼントしていたが、またたく間に紛失。

今日の夜、それを僕が見つけ出した。なぜか、台所の換気扇の上で見つけた。

再度、ムスメに渡す。喜んでいた。しかし、番号が分からないから、解錠できないでいる。

購入時に写メを撮っていたので、番号を教える。

「あいた〜〜！」大興奮。

「♪今日～人類がはじめて～木星に～ついたよ～」

「ついた～～！」のときの、

「あいた～～！」


しかし、そこからムスメは、鍵に対して、支離滅裂。よく分からなかった。

結局、聞いてきた。


「これを、どうするん？」

『その鍵を付けるんやん』

「どこに？」

『タイヤのところに付けるんやん』

「乗られへんなるやん」

『だから、付けて、乗りたいときだけその番号を合わせて、外すねん……』


ムスメ、無言。

『だから、これ付けて、番号を変えて置いといたら、知らん人が乗られへんやろ？　ほんで、自分が乗りたいときだけ、番号合わせて外して、乗るんやん！』

「いい～ねぇ～」


思っていたのと、違うリアクション。

「めっちゃ良いや～ん！」と、また大興奮するのかと、思いきや……「いい～ねぇ～」

鍵の使い方も知らなかった小童《こわっぱ》が、仕組みを理解した途端、出た言葉が……

「いい～ねぇ～」

言い方、中尾彬。


ゴルフバッグを縦に積める軽自動車、ウェイク。

あれのＣＭにうちのムスメを、使ってほしい。

ゴルフバッグを縦に積んだ瞬間、「いい～ねぇ～」言わせてほしい。


おやすみなさい。

アレルギー

学天即《がくてんそく》の四条《よじょう》、改め「つくね」と同じ楽屋。

NGKの若手の楽屋。

出番あと、つくねとお話。　話の内容に違和感。

僕が「コーヒーを飲みすぎて、お腹がおかしい」と伝えると、つくね、熱弁し出した。

「それ、あれちゃいます？　アレルギーちゃいます？　僕もコーヒー飲みすぎたら、体おかしくなりますもん。最近、よく思うんですよね。コーヒーがアレルギーってあんまり聞かないですけど、調べたら絶対あると思うんですよね」

つくねが熱弁している。　つくねのくせに。

途中から僕は、わざと普通に聞いていた。

そして、その場でも、特に何も言わなかった。

今、言います。

その「コーヒーがアレルギーではないか？」という話は、一ヶ月ぐらい前、俺がお前にしたんや。

何を自分の説みたいに言うとんねん。

俺が、お前「つくね」にしたんや。

「コーヒーがアレルギーではないか？」なんてことを言い出したのは、俺だけや。

共感しすぎたのか知らんけど……いつの間にか自分の話になってるぞ。

目が本気で圧倒されたわ。

大阪だけでも何百人と芸人はいる。なぜ、俺にその話をしてしまうんや！

俺だけにはするなよ。

そして少し経って、便所に行って楽屋へ戻ってきたら、「つくね」おらんかった。

聞いた話を後日、本人に熱弁して、終わったらすぐ消える妖怪か！

「つくね」に改名して、正に「つくね」って感じの言動をやってしまっている。
まだ日は浅いのに、もう名前に引っ張られている。
「つくね」から改名して「弁護士」にすれば良い。
誰が何を言ったか間違わない。　そうすれば良い。
おやすみなさい。

学園祭

大学の学園祭で、漫才。

体育館で行われた。
滞りなく終わったが、次の仕事へ行こうとすると、なぜか学生に20分ほど待たされた。

こちらとしては、終わったら、すぐに出たい。次は西梅田劇場の出番だ。
それほど時間はない。

今日の付き添いは、僕らのマネージャーだ。なぜ待っているのか、尋ねた。
お別れの挨拶みたいなものが、あるらしかった。
別に要らないが、仕方なく待つ。

20分待ち、先ほど漫才をした体育館に、芸人8人、再集合。
大学の実行委員も、30人ほど集まっていた。

今日はありがとうございました……的なことを言っている。

そして、恒例の写真撮影。


しかし……ここは、どうしても……しかしだ。


写真撮影は、漫才前にもした。

「全員、記憶が飛んでいるのか？　何回するのだ」

言わないが、強く思う。特に減るものでもないが、強く思う。

「いや、さっきしたやん」思う。「さっきの写真は捨てるのか？」思う。


実行委員は全員、目をキラキラさせている。

「その目のまま、さっきの写真のデータを消したんか？」思う。


写真撮影が終わり、帰ろうとすると、また止められた。

体育館の天井から、ぶら下がった紐を引いてくれ！　とのこと。

芸人何人かで、紐を引っ張る。

くす玉、割れて、中から「笑いをありがとう」の垂れ幕、出てきた。

大人を舐めるな！　これに20分かかっていたのか。大人を舐めるな！
待たせた分の対価を考えろ！　冷静な人間は、いないのか！
浮かれた気持ち一切なしで、冷静に考えて、冷静に話し合え！
誰が、くす玉で喜ぶのだ。

そして何より……
それをどうしても、やりたいなら、初めからセッティングしておけ！
20分待たせて、やることか！　選挙権を持つ人間のやることとは、思えない！
東大阪の工場で一日、職人の下で働け！　一日で目が覚めるぞ！
おやすみなさい。

特技

仕事を終え、家に帰ってから、二十一時ごろ夕食。

昼寝をしすぎて、まだ寝つけない三歳息子が、僕と同じリビングで、テレビを観ている。

ヨメは、五歳ムスメが三階で今から寝るらしく、横にいてあげるため、上がって行った。

ヨメが、上がり際に息子に催促する。

「パパに、あれやってあげ〜や〜、なあ、ほら」

息子に何か、特技ができたようだ。しかし、恥ずかしがって、やろうとしない。

ヨメからのネタ振りの圧力が、強すぎるようにも思われる。ヨメあるあるだ。

ヨメが再度、促す。「ナッチの寝てるときのマネ、やったり〜や〜」

そう言いながら、上がっていった。

ナッチとは、近所に住む、ヨメのお姉さんの旦那さんのことだ。僕もよく知っている。
あとは自分で振れるので、「どんなん？ やって」と、飯を食いながら頼んでみた。
それを聞いて、ヨメは三階へ。

僕の三度目の「やって！」で、やってくれる気になった。

「ナッチのマネ、やったろか〜」子供特有の言い回し。
絶対に「やってみるで〜」などとは、言わない。「やったろか〜」なのである。
寝ているときのマネのはずなのに、なぜか勢い良く、座椅子の方へ走って行った。
そして、フルフラットで真っ平らになった座椅子へ、その勢いのまま寝転んだ。

仰向けヘッドスライディング。

座椅子には、これまたなぜか、自転車に乗るときの「子供用ヘルメット」が、二つ置いてあった。

勢い良く、寝ようとした息子は、そのヘルメットで顔面を強打した。

父親にせがまれ、覚悟を決めニコニコしながら、これ以上ない満面の笑みで、走って行って……行った先で顔面を強打。

打った矢先から……すぐさま、表情が無くなった。

相殺して「無」になった。

息子は、強打したコメカミの辺りを手で抑え、一言も発さず、天井を仰いでいる。

さっきまでの「やったろか～」の勢いは皆無。

分かってはいるが、一応聞く……「どうしたんや、打ったんか？」が、反応は無し。

ピクリともせず、コメカミを押さえ、黙って天井を見ている。

取引先でボロクソに言われ、公園のベンチで放心状態のサラリーマン。

そして、うつろな目が付いている顔面の両サイドには、ヘルメット。

どう考えても頭に当たる位置に、初めからあった。

「大丈夫かぁ?」　もう一度聞いてみる。

無言ではあるが、天井を見ながら、ゆっくり頷いた。

「見せてみ!」　少し落ち着いたようで、立ち上がりやってきた。

「ここか?　大丈夫や、何もなってない」　この台詞で、やっと表情が幾らかプラスになった。

それまでは、ずっとプラマイゼロの無。

すると、息子は……

「氷で、冷やす……」　そう言った。


驚いた。

左右を理解していない小童が、「氷で冷やす」発言。

とても不自然だ。　ヨメが、教えたのだろう。

息子は今、三歳と三ヶ月。

三歳と三ヶ月の人間の現状を、先に伝えておきたい。

◆数字・ひらがなは、ほぼ全滅。読めない。
◆時計などは到底無理で、「今、何時?」と、いつ聞いても……全て「六時!」と、即答。
◆チョコレートアイスを食べさせれば、口周り、泥棒。
◆玄関で髪の毛を切ってやれば、口の周りに落ちた毛が、痒《かゆ》くて……ベロで舐め回し……終わる頃には、口の中、毛だらけ。口を開けた瞬間、蜘蛛が出て来たのかと思った。
◆テレビ台の下に見つけた、いつのものか分からないクッキーを……即、口へ。
◆衣服の後ろ前率、45%。
◆三十九度の高熱で、ダンス。
◆最終的な攻撃……噛み付き攻撃。

そんなところだ。三歳三ヶ月の人間の貴重なデータ。

僕は晩御飯中。面倒くさいので、特に関わらず、放っておき……食事を再開した。
冷蔵庫の方へ行って、帰ってきた息子が、僕の視界の右端で動いている。
地べたで、ゴソゴソ。僕、気にせず、モグモグ。

息子、ゴソゴソ。
そして、ゴソゴソが終わった。息子を見ると……
手の平サイズの保冷剤を、ハンカチで包んでから、コメカミに当てていた。
食べているものを、吹き出してしまった。
自分で拵《こしら》えたものを、患部の右のコメカミに当て、黙ってテレビを観ている。
我慢したが、爆笑してしまった。
左右も理解していない人間が、わざわざハンカチで保冷剤を包む、という行為。
爆笑しながら……
「それ、ハンカチ、自分でやったん？」思わず、聞いてしまう。
息子……何も言わず……「普通こうするでしょ」の顔で、見てきている。

「何が、おかしいんですか?」の顔で、チラッとこちらを見た後、
「笑いごとちゃうし」の顔で、テレビを観ている。
僕は……
「ハンカチ無かったら冷たいから、そうしたん?」ついまた、大声で聞いてしまう。
息子は先ほどと同様、何も言わず、無言で頷き、患部を冷やしながら……
普段、絶対に観ない、大人のニュース番組を観ている。
点滴が終わって、腕を押さえながら、待合室でテレビを観るジジイ。
してはいけない、爆笑をしてしまった。

おやすみなさい。

写真撮影

今日も学園祭。 四国の大学へ。
漫才が終わり、帰り支度途中、恒例の写真撮影。
控室にゾロゾロと、実行委員たちが入って来た。
二十人ほどが、ゾロゾロ。 何やら準備をするみたいだ。
これまた何やら文字の書かれた布を、壁にガムテープで貼りだした。
たたみ一畳ぐらいの大きさだ。

白の布に、赤色で字が書いてある。 読んでみる。
漢字二文字で「吉本」。

要らん!! 全く要らん!!
せめて大学名か、学園祭名の○○祭と書け!

「吉本」……要らん!! 分かってるわ。
自覚あります。 要りません。
浮かれた気持ち一切なしで、冷静に考えて、冷静に話し合え!
要らん。 実行委員の誰か一人が、勝手にやった所業ではないはず。
多人数で、こうすると決めたに違いない。
要らん!!
東大阪の工場で一日、職人の下で働け! 一日で目が覚めるぞ!
僕の二十歳前後とは、感覚の違う人種が、多いようだ。
おやすみなさい。

このネタ、どう思う？

ギャロップの林さんの必殺技に、「林の壁あて」というものがある。
人にはそれぞれ必殺技がある。
しかも、ほとんどの人は、自分のそれに気付いていない。

林さんは、なにせ議論が大好きだ。
NGKの喫煙所……M-1前ということもあり、
この日も林さんと二人、いつものようにネタの話になった。

「このネタ、どう思う？」　毎回、林さんの、この文言からスタートする。

ああで、こうで、と説明をうける。
僕の漫才の考え方は、「初めの三十秒ぐらいで、八割方そのネタの良し悪しは決まる」というものだ。

どんでん返しがある場合は別として、ほとんどの場合は、開始三十秒で決まると思う。

林さんから、設定を告げられ、こんなボケがある、などの報告をうける。
そして最後に「こんな感じなんやけど、どう思う?」
となって、僕の喋るターンがやってくる。

ツッコミ側が、設定を客に伝え……
それに対しボケが、屁理屈でこねくり回す、というものだった。
それ自体には、新しいも、古いもない。
ただ、こねくり回すはずの漫才コントの設定が、古すぎる。
「僕は明日ホームランを打つから、君は手術をがんばれ」という設定だった。
なので、古いと伝えた。
ということは、僕にしてみれば、開始三十秒以内で懸念材料があるという判断だ。
だから、後にどんな展開が待っていようが、同じこと。なので、それも伝えた。

しかし、なぜか林さんは続ける。

「途中に、こういうボケを入れようか迷っている」的なことを言い出した。

初めが極めてダメだ、と、先ほど僕は伝えた。

が、聞こえていないのか、聞きたくないのか、相談は続く。

「相談された側」というタスキを、大事に肩にかけ、もう一度伝える。

初めの、こねくり回す対象そのものが古く……今の人は、ピンと来ないと思う、という旨を、さらりと言ってみた。

すると、林さん……

「後半の、ここのボケは、ウケるかどうか分からんねんけど、俺は好きやねんなぁ」

言うている。

もう一度、僕はチャレンジしてみた。

M-1のお客さんは、最新の「四分スプリント漫才」を見に来ている。

よって、設定に古さを感じた瞬間、さっと引いて、そこからは食い付かない可能性がある。
なので、初めの設定だけを現代のものに変えれば、良いのではないか……と提案した。
すると、林さん……
「後半のここらあたりで、このボケを段積みしていこうと思うねん。どうかなぁ？」
聞け、ハゲっ！　壁あて、すな！
相談されて、答えてるのに……即無視して、自分の意見を浴びせて来るな！

壁あてするなら、初めから相談してくな！

話を聞け、ハゲ！

一秒前に言い終わった内容を、無視すな！

これが、世にも恐ろしい「林の壁あて」だ。

食らった方は、『メタルギア・ソリッド』さながら、でかいハテナマークが、頭上に出たまま、半日取れず……取れたときには、体重が三キロ落ちている。

喫茶店で、若い女の子同士が話していて……

一人が相談を持ち掛けたときに「壁あて」になっている場合が多い。

「盗み聞きマスター西森」としては、そう感じる。

女性は、相談をしながらも、相談はしていない。

だから、余計に思う。

ハゲたオッサンが、若い女の子の感覚を持つな！
もう、NGKへは、ワンピースを着て行け！
今日は十分間ぐらいやったけど……この間は、一時間してたぞ。
一時間も、壁あて、すな！　相手が死んでしまうぞ。
やめ〜！

そう思いました。
壁あては、脳みその疲労がハンパない。
皆さんの周りの、壁あてをする人を探してみよう。
おやすみなさい。

プレゼント

今日は休み。

十五時……ムスメを幼稚園のバス停まで、迎えに行った。
帰宅し、リビングで、ムスメの誕生日プレゼントを渡す。

レジンで小物を作るキットだ。 幼稚園児には、超オーバークオリティなプレゼント。
しかし「東大阪ものづくり応援大使」のムスメだから、当然だ。

六歳なりたてだが、この歳から色々やらせておけば、中学までには……
溶接ぐらいは、習得できるはずだ。

夕方にヨメ、そして保育園へ行っていた息子が帰宅。
ついでに買った「ひらがな・数字の勉強セット」を息子へもプレゼント。
喜んでいた。

ヨメが何やら息子を急かす。
「はよ、持ってきいや！　パパにプレゼントあるんやろ？」
保育園で、何かを作って来てくれたようだ。
前にも、手形の入ったバインダーをもらった。
ヨメの発言で、息子は思い出し、自分のリュックへと猛ダッシュ。
そしてビニール袋を持って、また猛ダッシュでかえってきた。
「はい……パパ!!」差し出された。
『ありがとう、これ何？』
「ええ～と……ドングリと……木の皮……」
大人を舐めるな！　どっちも、要らん。
しかし、相手は三歳……ありがたく頂く。
『へぇ～、ありがとう～。ドングリと木の皮かぁ～、ありがとうなぁ～』

言いながら、顔がニヤけて、仕方なかった。

要らん。でも三歳の場合は、可愛いから許す。

「吉本」……あれは、ホンマに要らん！

「くす玉」……20分待たせて、あれはもう……延滞料金払ってほしい。

大人を舐めるな！

おやすみなさい。

河川敷

《書いておかなければシリーズ》

何年か前の、夜中の淀川河川敷。

色々な運動に飽きた僕は、野球の硬球を購入した。
そして、淀川を渡る橋の支柱を目掛け、投球練習をすることにした。

四十歳手前……普段は芸人……が……夜中……一人で……暗い橋の下で……黙々と……何の本番も待っていないのに……投球練習に……勤《いそ》しんだ。

なにせ、打ちっぱなしや、普段参加しているフットサルなど以外の、運動が良かったのだ。

同じスポーツばかりでは、偏った筋肉がついてしまうではないか！
と、偏った筋肉がついてしまっても構わない漫才師だが、思った。

思い立った次の日に、早速夜中、河川敷へ。

既に誰かが、思いついていたらしく……
コンクリート製の、一辺が十メートルほどある橋の支柱には、
ストライクゾーンがペンキで描かれていた。
おまけに、マウンドまで用意されている。

お誂《あつら》え向き。これ以外で、使ってほしくないほど、お誂え向き。

テンションが、上がる。

自転車を停め、早速投げる。正確な距離を測って、拵《こしら》えられたマウンド。
マウンドの木の板に、右足を引っ掛けて、ピッチング。
「踏ん張りが効いて、投げやすい」などと思う。

よくよく人生を振り返ってみると、生まれて初めてだった。
マウンドからの投球は、人生初。

夜中の一時頃……真っ暗な河川敷の橋の下で、生まれて初めてを体験。

ちょっと、興奮。


マウンドから、思いっきり投球し……

跳ね返ってゴロになった球を、バント処理かのようにグローブでキャッチして……

一塁手と見立てた、同じ壁の別のポイントに送球……

跳ね返ってきた球をまた取って、送球。と、実践的な練習もした。

のちに本番は待っていない。


ハアハア、なった。いい運動だ。


必要のないカーブの練習もした。のちに本番は待っていない。

「なかなか、かからないものだ」などと思う。フォークボールも練習。

「こんなサイズを指の間に挟んで、百四十キロぐらい出す人の気が知れん」などと思う。


夢中になり……気がつくと一時間以上、経っていた。

さらに黙々と投げていた。　すると、はるか遠方に、自転車に乗った人を発見。
河川敷なので、視力が及ばないところまで、真っすぐ道は続いている。
ギリギリ見えていた人が、徐々に大きくなってゆく。　おじさんっぽい。
認めたくはないが、どう見積もっても、こちらに向かっている。
怖い。　夜中の河川敷。　他には誰もいない。
シーンとしてる。　怖い。　来ないで。　来てる。
どう考えても、僕に一直線で向かって来ている。
絡まれるのか？　あっち行け！　バットも用意すれば良かった。　怖い。
僕まで十メートル……。　完全なる、おじさんだ。
自転車を、キコキコいわせながら、通りすぎていった。
助かった。　しかし、おじさん……行き先が少しおかしい。

橋の下を通り、川の方に向かっている。
おじさん……僕の背中側にある支柱で……同じことをやり出した。
夜中に投球練習するおじさんが、二人になった。
異様な空間。無言で、背中合わせで投球練習。
ならキャッチボールを？　……てなるか～！
夜中の二時……見知らぬおじさん……シーンとした河川敷……
「いっそのことキャッチボールしますか？」……てなるか～～！
それぞれで、投球練習。異様な空間。非常に気まずかった。
おやすみなさい。

頂き物

今日も僕の部屋の、テーブルの上にある、
この……ドングリと木の皮は、どうしたらええんやろう。
困っています。捨てる訳にもいかず、困っています。

この日の夜……僕の部屋に、いつものように勢い良く、先生が入って来た。
三歳息子だ。

入って来るなり、先生が仰る。
「どう？　ドングリと木の皮、使ってる？」的なことを仰る。

「的」なことをだ。

「はい、色々なことに、使わせてもらってます、便利です」的な感じで、返しておく。

「ああ、そう。　それは良かった」的な感じで、返ってきた。

「的」な感じでだ。

困った。

おやすみなさい。

親父のインタビュー

鉄のアート作品の、製作工程のロケ。
『漫才ラバーズ』という番組で、モンスターエンジンが特集される。
その密着取材が、鉄工所でも行われた。

ついでに、親父もインタビューを受けていた。
ディレクターは当然、親父とは初対面。
「支離滅裂地獄」が待っていることを、知らない。
親父の話には、纏まりがない。そして、聞かれたことにも、ほとんど答えない。

僕は、他の作業をしながら……親父のインタビューを、盗み聞いた。

三分で終わるインタビューに……三十分、かかっていた。

「鉄の作品を作る息子に対して、どう思うか？」という質問……

喋り出して数秒で、ピラミッドの話をしていた。
僕が小さい頃の話も、聞かれていた。
「山へ、川へ、走り回っていた」と、親父は話す。
川は、よく行ったけど……山へは、自ら一度も、行っていない。
父親っぽい感じに喋ろうとするあまり、ナチュラルに、嘘をついている。
喋り出してすぐに、なんの話をしていたか、見失い、惰性で続ける。
ディレクターが、何度も質問を変えて、ベストなコメントを導こうとする。
親父……質問には、気前よく答える。
再度、勢いよく喋り出し……そして数秒で、関係ない話。
ディレクターは、たまらず、
「それは、何の話ですか？」支離滅裂地獄にハマり聞いてしまう。
ディレクターが困っていることなど、つゆ知らず……親父は……

「環境破壊っ!!」

ハッキリ答える。関係のない話だと、ハッキリ答える。

一分以下の短いコメントが、ひとつもない。
全部、長い。長くて、関係のない話。編集大変そう。
ナレーションを入れて、「なんか熱弁してはりました」的なテロップを入れて、途中でブチッと切るはず。

逆に、環境破壊の話を聞けば、親子関係の話になりそう。
親父の操縦は、誰にもできない。

おやすみなさい。

ＡＩ

あなたへの、おすすめ。

『モンスターエンジンＤＶＤ３　ソロライブツアー２０１２』

だから、イラン！　俺がモンスターエンジンや。イラン！　しつこい。
ボケがしつこい。俺が全部、考えたネタや！　家にもある。

ＡＩが、オートマチックに選出して、メールを送ってきている。
ＡＩが人間を超える日は、まだまだ先のようだ。

しかし、もし……わざとだとしたら。イジってきていたとしたら。非常に怖い。
もしかすると、僕らが知らないだけで、もうそこまで進化しているかも知れない。
トヨタとソフトバンクがタッグを組んだと、ニュースで見た。
カーナビも、優秀なＡＩに、なっていくだろう。

イジってくるのが当たり前になったら、どうしよう？

◆ポーン

「目的地までの到着時間は、およそ十五分です……というか、また打ちっ放し場ですか？　他に、することが溜まっているのでは？」

『やかましい、後でするから』

◆ポーン

「いつも通り……この長い距離でも、下道《したみち》だけを使いますね？」

『放っといてくれよ』

◆ポーン

「三百メートル先を、古いスポーツカーにチャイルドシートを二個付けて、右です」

『いちいち言うな、余計なことが多すぎるわ』

◆ポーン

「右をご覧下さい、セルジオ越後邸です」

『個人情報を漏らすな！』

◆ポーン

「目的地周辺に到着しました、案内を終了致します。今回のドライブは64点でした」

『勝手に点数つけんな！』

◆ポーン

「次の交差点を、上です」

『え？　上？』

「冗談ですよ、右です」

『怖いから、二度とせんといて』

こんな感じに、なっていく。

おやすみなさい。

土曜日

土曜日だ。子供たちは、保育園も、幼稚園も休み。
ヨメはパート。僕は昼前から仕事。
ヨメのパート先で子供たちを見てもらえるようで、
朝九時半ぐらいに、三人で出発するらしい。
今は、朝の八時五十分。僕は起きて、一階から、二階のリビングへ。
ヨメが支度をしながら、三歳息子を急かしている。
「早く靴下、履きなさい」何万回聞いたか、分からない文言。
六歳ムスメは、三階の子供部屋で、一人で遊んでいるようだ。
下のリビングまで、馬鹿デカい独り言が、聞こえている。
ムスメは……一人で……ごっこ遊びを……朝九時前から……誰にも頼まれていな

いのに……真冬に任意で……極寒の三階をものともせず……意気揚々と……続けている。

子供。ゴリゴリの子供。混じりっけなし純度100％の子供。

「この生粋《きっすい》の子供、ロックで、あ、いや、やっぱりストレートで！」……の如し。

これまた、ムスメもヨメに急かされる。

「何してんの、もう行くよ～、降りてきいや～」

ダンッ、ダンッ、ダンッ、と怪獣みたいな足音をたて、階段からムスメ登場。

ダンッ、ダンッ、のせいで、自然と目線が階段へいく。

無茶苦茶……化粧してた。ほっぺたなんて、真っ赤っか。超厚化粧で、登場。

鈴木その子が脳内を駆け抜ける。

幼稚園へは、化粧をして行くことができない。

しかし、今日はヨメのパート先に行くので、化粧は許される。

その反動が、化粧の厚塗りに反映されていた。

ムスメに鈴木が、乗り移っている。
「どうした〜ん？　化粧してんの〜？」思わず、分かりきったことを聞いてしまう。
「うっふ〜ん」みたいな感じで、腰をクネクネさせていた。
腰クネクネは、恥ずかしいときに、よくする。
「今日は、幼稚園ちゃうからか？　いつもしてんの？」
また、分かりきったことを聞いてしまう。
ムスメ、何も言わず……「うっふ〜ん」して、クネクネ。
立った状態で、壁に片手だけをあて、腰クネクネ。　ほぼポールダンサー。
ポールダンサーの、演目の序盤。
ヨメが台所から、「クネクネ女」の代わりに、答えてきた。
「いつもしてるやんな！　化粧上手やもんな！」

いつも、らしかった。　土日は、厚化粧で、ポールダンサーしているようだ。

子供では、なかった。

六歳なりたてで、もう既に女。　で、ポールダンサー。

ポールダンサーでもあった。　女性の精神年齢は高い。

おやすみなさい。

写メ会

レイザーラモンRGさんの、あるあるイベントに、「ミスターメタリック」で、出させて頂いた。

ルミネtheよしもとは、大盛り上がりだった。ライブ終わりで、本の即売会。本を買ってくれた人たちにサインと、写メ会。ミスターメタリックの格好で、写メを撮った。

◆お面を外して撮ってほしい、という女性もいた。

◆お面を僕が手に持ち、西森の顔は普通に出して、撮ってほしい、という人もいた。

◆お面を外し、西森の顔は普通に出して、「私がお面を持って、西森さんが本を持って、撮ってほしい」という人もいた。

◆お面を外し、西森の顔は普通に出して、西森さんが本を持って、「私がお面を被ります！」という人も出てきた。

◆お面は外さず、西森さんはミスターメタリックで、「私が自分で用意して来た、お面を被ります」という人まで。

◆西森さんは、お面を外して普通の顔で、本は私が、そして……「私がそのミスターメタリックのお面を、半分だけ被っている状態で」という人も。

◆西森さんは、お面を外して、私がお面を被り、「西森さんは、ジャッキー・チェンの映画『タキシード』みたいな感じで、パンチして下さい」という人まで。

様々だった。七パターン生まれた。貴方は、どれをどうして、撮りたいですか？

別にいらん？　ああそう……。

おやすみなさい。

回転寿司

久しぶりの日曜日の休み。子供二人を連れ、ヨメ抜きで、大阪の実家へ帰った。

ヨメとは喧嘩中。長引いている。一緒に僕の実家へなど、来るはずもない。

六十六歳おやじ正雄、六十三歳母・礼子、三十九歳洋一、六歳ムスメ、三歳息子の五人で、トイザらスへ。

二人合わせて、計二万四千円分のおもちゃを、礼子に買ってもらっていた。

聞いてない。俺のときと違う。

俺のときは、親に買ってもらったおもちゃは、生まれてから二十歳までで、計二万四千円ぐらいだった。

それを一日で。聞いてない。

僕が「一人、一つでいい」と断っても、ほか四人全員が敵。覆《くつがえ》してくる。

どうしようも、なかった。


それが終わり、五人で回転寿司へ。

子供たちと回転寿司へは、頻繁に行く。正雄、礼子は、二十年ぶりらしかった。


その二十年の間に、回転寿司は劇的に進化した。

二人は、それを知らない。安くて美味しいことを、知らない。

テーブルの端から、皿をストンストン落としていくことも、知らない。


今日は、礼子がうるさかった。


「いや〜、なんやのんこれ？　テレビついてんの？」

『タッチパネル、付いてんねん。それで注文すんねん』

「ひゃ〜、なにそれ……お母さん、こんなん分かれへんわ』

『俺するから』

「ひゃ〜何それ、お母さん、こんなん無理やわ」

『大丈夫やから、俺が注文するから』

「ほなこの、回ってるのは、食べたらアカンの？」

『それも、食べてええけど、頼んだほうが新しいの来るから』

「このエビ美味しそうやんか～。何これ、フタ取れへんわ。何これ、開けへんやん」

『もっと、ぐっとせな。それ硬いねん』

「ひゃ～、お母さん、こんなん無理やわ」

『ちょっと硬いねん、もっとぐっと開けな』

「開けへんやん？　お母さん、こんなん無理やわ！　なんやのんこれ！　お母さん、こんなん無理やわ！」


めちゃくちゃ、うるさい。そしてなぜか……着いてすぐなのに、諦めようとする。

話の途中で、こちらを急に無視してエビに手を伸ばしたりと、注意散漫。

タッチパネルの側に礼子、その横の外側に僕が座り、大失敗。

距離が遠いので、僕、常に中腰で注文。


「ひゃ～、そんなんで、注文すんの？」

『そう。ほんでなに？　マグロ？』

僕がすると言っているのだが、注意散漫だから聞いていない。勝手に自分でやり出した。

「これなんやのん？　こんなマグロ嫌やわ」

『そっちは、ビンチョウマグロやわ』

「そんなんちゃうねん、普通のマグロの無いの？」

『その下のやつやわ』

「こんなん嫌やわ」

『その下のやつあるやん！　下！　下！』

「これ？」

『それそれ』

「ほんで、どうすんのん？」

『だからやるて。ご飯は、ちっちゃくできるけど』

「ええ？　ご飯ちっちゃできんの？」

『ちっちゃくする？』

「するわ」

『マグロだけでええの？　はい、ほんでここの注文のところ、押したらええから』

「ひゃ～、お母さん、こんなん、分かれへんわ～」

『まあ確かに、不親切やけどな』

「まだ、こぉ～へんの？」

『そんなすぐ、来る訳ないやん！』


むちゃくちゃ、うるさい。うるさいのに話を聞かないから、倍の時間がかかる。

舞い上がりすぎて、注文してから運ばれてくるまでの、時間の感覚も崩壊。


『来たで、来たで……寿司来たで……寿司来たで、寿司来たでって』

「え？　なに？　なに？」

『ほら、そこ、寿司来たでて！』

「どれ？　なにこれ、どっから来たん？」

『アッコから来んねん』

「ひゃ～？　いつ来たん？　どっから来たん？」

『アソコから、来んねん』

「持ってきはったん？」

『だから、アソコから、コンベアで来んねん』

「ひゃ～、いつ来たん？」

『だから、今来たんやん！』

礼子は、寿司が勝手に走って来ていると思ったようだ。

めちゃくちゃ、うるさい。息子のいつものガトリングガン質問を受けているようだ。

「お父さん、ここのカニ本物やわ、美味しいわぁ～、食べてみ、これ」

『ああそう』

「お母さん、もう一つ食べようかなぁ……これどうすんの、開けへんやん、なんやのんこれ？」

『ああ、もうええから、もうそこの取らんでええから、こっちで注文するから。なに？　カニ？』

「ここのカニ美味しいわぁ～」

『ええ～と、カニは無いで』

「ええ？　カニあったで」

『この、究極のカニカマ？』

「カニカマちゃうやん、普通のカニやん」

『この、カニカマしか無いで』

「ええ～？」

『偽モンやねん、たぶん。さっきのもカニカマやってんて。百円で、カニは、置いてないって』

「あれ、カニちゃうの？」

『このカニカマで、ええな？』

「それでええわ。あれホンモンちゃうの？　ひゃ～」


普段、洞窟に住んでんのかっ！

どんだけ分からんこと多いねん。ほんで、むちゃくちゃ、うるさいし。

疲れた。非常に疲れた。よく普段、車を運転できてるなと思う。

おやすみなさい。

炎上

西森ピ〜ンチ。

ツイッター大炎上。 しかも、何がどうって、僕のミスが発端。

バズっている他人のコメントに、宣伝文句を載せた。

タブーらしい。

おやすみなさい。

ハゲネタ

M-1の前日。
名古屋で漫才二回。合間にギャロップの林さんと、喫茶店へ。
緊張が伝わってくる。前日の今日も、断然ハゲている。
明日、林さんは、全国ネットのゴールデンタイムに、ハゲネタの漫才をする。
毛利さんは、別に売れなくて良いけど、林さんは売れてほしい。
でも、ちょっとだけ思う。当日の朝、急にフサフサに、なったらええのに。
どうしても、思ってしまう。
慌てて、カミソリで剃るやろうなぁ。見たいなぁ。
剃っても剃っても生えてきたら、焦るやろうなぁ。

剃っても剃っても生えてきて……泣いてるところ見たいなぁ。

「なんでやねん！　なんで今日やねん！　あと一日待ってくれよ」鏡に言うやろうなぁ。

毛利さんに、すぐ電話するやろうなぁ。

「今から言うこと、冗談じゃないからな！」って、喋り出すやろうなぁ。見たいなぁ。

「良い知らせと、悪い知らせがある」やったらもっと良いなぁ。

本番直前に剃っても、本番中に、みるみる生えてきて……

「林くん、何で急にズラかぶり出したん？」言われてほしいなぁ。

で、順番が回ってきて、ちょうど角刈りで、漫才してほしいなぁ。

ホンマに、そう、ならんかなぁ。

おやすみなさい。

抗議

夜、七時。ヨメがパート仲間と、飲みに出かけた。

今日は僕が、六歳ムスメ、三歳息子を、寝かしつけまでやる。

しかし、ヨメと一緒に出かけたいと、息子が発狂。
ヨメが出かけた後も、玄関のドアをこれでもかと叩き、蹴りまくっている。
教えてないのに、長渕《ながぶち》キックをしている。

虐待している！と、警察を呼ばれてもおかしくない、叫び方。

久しぶりの発狂だ。昔はよくあったが、最近では珍しい。

ハンドボールでのシュートぐらい、助走をつけて飛んでから、ドアを叩いたり……
足の指をゴムハンマーに改造しているのか？と思うほど、加減なしで蹴ったりしている。
抱きかかえて諭《さと》そうとするが、天然うなぎ状態。なかなか、腕に収まらない。
うるさすぎて、ムスメも心配になったのか、玄関まで降りてきた。
ムスメはなぜか、落書き用に買い与えた、Ａ４のコピー用紙を持っている。
見ると……赤のマジックで、文字が書かれていた。
そして、その紙を「勝訴〜！」みたいにして……ムスメは、叫んだ。
「あっく〜〜ん‼」
しかし……それだけを発し、その後は何も言わずに黙っている。
書かれている文字を、読んでみる。
『あっくん、めっちゃ、うるさい、もうやめて！
つぎ、ゆうたら、おしりペンペンするよ、ペンペン！』

いや、口で言うたらええやん。なんで書いてきたん。意味分からん。

おしりに、叩かれた後の手形がついた「挿《さ》し絵」まで描いてある。

「ウオ〜〜」と激怒しながら、挿し絵を描いたのか？　じゃあ、怒ってないやん。

ホンマに意味分からん。


発狂している息子が、そんなものを見るはずもなく……

ムスメは、そこからずっと無言で……弟に、コピー用紙を向け、ガシガシしていた。

せっかく書いてきたものを、蔑《ないがし》ろにする訳にもいかず……

「喋らない」という自らが決めたルールに、雁字搦《がんじがら》めになって、どうすることもできず、憤怒していた。


ムスメ……無言で何度も、A4をガシガシ。

僕……息子抱き上げ、天然うなぎ。

単調な地獄絵図を十分経て……息子は、やっと落ち着いた。

比較的、発想力の要る、芸人という商売をしているが、
コピー用紙を見た時点では、なんのことか分からなかった。
まさか、書面で抗議してくるとは……。
驚いた。
おやすみなさい。

病院の待合室

休み。下の三歳息子を、病院へ連れていった。熱はないが、咳が出ている。
病院の待合室。本を読み聞かせながら待つ。

向かい側に座る、おそらく幼稚園年長の六歳ぐらいの男の子……
弟が風邪を引いただけで自分は元気、といった感じ。
弟の付き添いで来ただけやしっ、て感じ。

椅子に座り、特に何もせず、真正面を見ている。
かれこれ五分ほど、その子はその状態。この年齢の人間にしては不自然。
落ち着きすぎなので気になった。

すると、突然、その男の子。

「退屈〜〜〜〜!」プレイボ〜〜ル、みたいな言い方。

「やろうな……」見てて思う。
誰にも頼まれていないのに、自分の感情を、ハッキリ大きな声で報告。
逆に言うと、「真正面一点見つめ」で、よく五分も持ったものだ。
子供は、どうでもいいことを、大きい声でハッキリ言う。
「退屈〜〜〜〜〜！」ええなぁ。目覚ましで使いたいなぁ。
おやすみなさい。

ユーチューブ

夜……ユーチューブでクソ面白くない「子供が遊んでいるだけの動画」を観させられている。毎日だ。

リビングのテレビは、ネットと繋がっていて、テレビでユーチューブが視聴可能。可能にしたのは僕。大失敗。

腹が立つので、コントローラーを奪い取り、ジャルジャルが先日、M-1でやっていた「国名分けっこ」を観せてやった。

面白いものを観ろ！ということだ。

六歳ムスメは、僕がコントローラーを奪い取った途端、自分の「おもちゃスマホ」で遊びだした。

三歳息子は、僕が睨《にら》みつけているので、仕方なく観ていた。

さすがに、三歳には、早すぎたようで、眉間にシワを寄せている。

そして、観終わった。息子、表情が硬い。呟き気味で、聞いてきた。

「ドネシア、って…………何？」

『知らん』

少し経ち……テンションを取り戻した息子。

「ウンコ〜〜」叫んでた。

おやすみなさい。

リスト

西森ピ～ンチ。
年末にツイッター大炎上。
おやすみなさい。

いや、これでは、終われない。

今日は元旦、心機一転頑張っていこうと思う。

明けましておめでとうございます、とツイッターで呟こう。

なんとなく、返ってきているコメントの欄を見てみる。

ツイッター上で、赤の他人が作ったリストに、入れられていた。
ご丁寧に、それの通知が僕に届いている。見てみる。

白色ホワイトさんが、あなたを……リスト「糞みたいな奴」に追加しました。
追加されていた。「糞みたいな奴」という、くくりに。
そのリストを作る人間自体が、糞みたいではないのか？
思うが、確実に入れられていた。
僕の意思で、抜け出すことはできない。
これからも、リストに入れられたときは、報告します。
おやすみなさい。

お金に対する執念

今日は僕の四十歳の誕生日だ。自宅で僕の誕生日会が行われた。
家族四人で、ケンタッキーフライドチキンなどを食べた。
今日は食後、二人の子供に手伝いをさせ、その対価として、お小遣いをあげることに。
最近二人は、お金に執着しだした。
六歳ムスメ、三歳息子、まだ若いが、もうお金の大事さを分かりつつある。
ゲームセンターでの、UFOキャッチャーが原因だと思われる。
今までは、制限を決めずに、だいたいでやらせていた。
が、最近は一人二百円までと決めている。
UFOキャッチャーでの二百円、かなり呆気ない。

機械の前で、膝から崩れ落ちることも度々だ。

僕は今でも、「ドーハの悲劇」を生で何度も見ている。


その結果、プレイするゲームを吟味しだした。

「これはアームが非力なやつや」的なことを、呟いたりしている。

確実に長時間プレイできる、太鼓の達人などを、選ぶ傾向も出てきた。


この夜、初めて……「お手伝いをしたら、百円あげるで」と、言ってみた。

二人とも、目の色が変わった。眼力が一瞬強くなり、顔も少し濃くなり、3％阿部寛。


「お片づけしてくれたら、百円あげるで！」

と告げると、普段では考えられない迅速さで、作業を始めた。

ダッシュで、ゴミ箱へゴミを捨てに行き、空いた皿を流しに投げ入れている。

これほど効果があるとは。

言ってはみたものの、金にガメツすぎて、ちょっと引いたし。

その後、ムスメに肩揉みを頼んだ。普段なら、五揉みして、逃げ去ってゆく。

「百回揉んでくれたら、百円あげるわ」

到底、最後までやらないであろう回数を要求する。

しかし、大声で回数を数え始め、難なく五十回まで来た。

手が痛いと言い出したので、もう五十回で百円あげるから終わり！と伝えた。

確かに伝えた。

しかし、目をギンギンにして聞いてやいない。そのまま、百まで行こうとする。

そして、百回を達成。

「分かった、分かった、ありがとう、百円あげるから……」

『ああ～、手が痛いわぁ……』

「そやろ…… ありがとう、もう大丈夫やから」

『手が痛いわぁ……』

「大丈夫か？　ちょっとやりすぎたな」

『つ〜、手が痛いわぁ……』

「ちょっと、休んどき」

『……』

「休んどきって」

『………もう一回やる』

「いい！　いい！　もう手ぇ怪我したらあかんから」

『やるっ！』


物凄い執念。でも、なんか嫌だ。金に対する執念。なんか嫌！

無理やり断わって、なんとか終了。


それが終わると二人は、狭いリビングで、一心不乱に踊りだした。

米津玄師《よねづけんし》の『パプリカ』という曲を、ヨメの携帯でかけてもらい、激しくダンス。

ムスメは、振り付けも歌詞も、ほぼ完璧。

その隣りで先生は、先住民族ばりの雨乞いダンス。

いつ首が千切れてもおかしくないほど、踊り狂っている。ソウルだけは、成人男性。そろそろ、雨降ってきそう。

僕は手拍子。たまに「上手〜」と、褒めながら観賞。

終わった。結構長かった。見てるこっちは少し退屈。

ドラえもんの映画の、星野源の曲が流れだす。

これは、振付けがないので、二人とも雨乞いダンス。

そして終わった。結構長かった。

もう一度、『パプリカ』が流れだす。こちらは、もうとっくに飽きている。長い。

可愛いのは、一曲目の半分ぐらいまでだった。長いし飽きた。

しかし……ムスメが僕をガン見しながら踊るものだから、なかなか、無視できない。

一人の客から、チップを大量にもらったストリッパーだ。そっぽを向けない。

ムスメがターンをして、背を向けて踊っている。振り向くと同時に、僕をガン見。

やっと終わった。するとムスメが僕のもとに駆け寄ってきて。

「お金、ちょうだ〜〜い！」

ダンス代を請求して来た。図式がストリッパーと同じだ。

ダンスは、お手伝いではないから、断る。

「ちょうだ〜い!!」引き下がらない。

だから、あんなに、こっちをガン見して踊っていたのだ。僕は客だったのだ。

これでもし、チップをあげてしまうと……

退屈な時間は続くわ、金は減るわで、どうしようもない。

強く断っておいた。

おやすみなさい。

日本一位

いつもの、ダメコンビニへ。僕が感じるに、日本一位のダメコンビニ。
家から六十歩ぐらいで着く。だから、ひれ伏して、通っている。
今日も、夜に行った。
ワインを一本だけ買った。……箸《はし》ついてた。
おやすみなさい。

パブリックビューイング

祇園花月で一回漫才して終わり。

出番が終わって、だいたい十五分後には、電車に揺られていた。

漫才終わって、はけてきて、そのまま一連の流れみたいにすぐ着替え、ものの一分で、劇場を出て、だいたい十五分後には、電車に揺られていた。

毎回、祇園の一回出番は、これ。

冷静に考えると、非現実的で面白い。

帰りの電車内の、同じ車両に乗る他の人たちは、十五分前に僕が漫才していたとは、思いもしない。

「僕、ついさっきまで、劇場で漫才してましてして〜ん！」と、一人一人に言ってまわらない限り、思いもしない。

二十四時間、パブリックビューイングができる、アプリが欲しい。

カメラ付き小型ドローンが、特定した人物の映像を撮り続け、それをいつでも観られるサービス。

十五分おきに一分間だけ、購入した人物の映像を、スマホで観ることができるアプリ。

人物によって、月額の値段は違う。

引退した、安室奈美恵だと、月額五百万円。これぐらいの価値は、あると思う。


西森洋一……無課金。ダレノプライベートガムカキンヤネン。

アプリを取るだけで、ゼロ円でフリーに観られる。

宣伝用の豪華なフリー映像でもなく、西森ただフリー。


僕以外の日本の誰か、例えば「Aさん」が、お試しで「西森洋一」をフォローする。

設定した時間は、〇〇〇〇年、〇月〇日、12時9分。

設定しなおせば、正午キッカリからも、視聴可能。

お試しなので、Aさんテキトーに設定。ここから、一分間映像を十五分おきに観る。

◆12時9分。

西森が、祇園四条から、徒歩で祇園花月へ向かう映像。

抑揚なし徒歩映像。アプリをアンインストールしようか……Aさんは、さっそく迷う。

劇場までは徒歩七分なので、その徒歩だけで映像は、切れた。

ため息をつき、ぼ～っと、スマホを見つめる。後もう一度だけ、十五分後に観ると決意。

次、面白くなかったら、アプリを捨てると決意。

◆12時24分。

西森、楽屋で着替えている。お笑いの劇場の楽屋ともあり、有名人もチラホラ。

Aさん、興味津々。「へぇ～」などが、自然と漏れる。

西森以外の反対側の人らを、重点的に見せてほしいと願うが、そこで映像は切れる。

Aさん、既に次が楽しみになっている。

◆12時39分。

西森、モンスターエンジンの漫才出番。十分ネタの九分経過したところからの映像。

いきなりクライマックスの漫才映像。

漫才中、近くにドローンを飛ばす訳にはいかないので、かなり遠目からの映像。

Aさんは「何やねん！　急に遠いやんけ！」と思いながらも、

「真横で飛んでたら、邪魔やからか！　というか、そうであっても近くで飛ばせよ！

まぁ、フリー映像はこんなもんか……」と、一応納得。

大林の「もうええわ」の「も」のところで、映像は切れる。

◆12時54分。

西森、電車に乗っている。

「何で〜〜！」　Aさんデカい声を出す。

定食屋でご飯を食べ終え、徒歩で会社へ帰る道のりの、信号待ちで「何で〜〜！」

思わずデカい声を、出してしまう。

周りの人たちの視線がAさんへ集中。　恥ずかしい。
そして、恥ずかしさの原因に腹を立て、西森を少し嫌いになる。
何も過失のない、普通に生きているだけの西森を、少し嫌いになる。

「何やねんコイツ！」と、小さく呟きもした。
そしてAさんは、サーバーのトラブルだと、勝手に決めつける。

「ちゃんとでけへんなら、やるなよ、映像飛んどるがな！」と、小さく呟きもした。

そしてAさんは、その日から……
少額の課金で済む芸能人のパブリックビューイングに勤しんだ。
そして、そのアプリが生活の一部となり、一ヶ月ほど経ったある日……
そういえば、西森は？　と、何となくスマホをタップ。
西森はまだ、ゼロ円のままでフォローしている。　タダなので観てみる。

12時39分の西森。

奇《く》しくも前と同じ、漫才のクライマックス。劇場まで同じ、祇園花月だ。

「またこの遠いところからの映像か」Ａさん、呟く。

「同じネタやし」呟く。

「流れるの分かってるんやから違うのせえや！　恥ずかしないんか」少し嫌いだから、強めに呟く。

映像が切れる。

12時54分。

アプリに設けられたアラームが鳴り、Ａさんはスマホをポケットから出す。

西森、電車に乗っている。

「何で〜〜！」またも同じ交差点で、絶叫。

「サーバートラブルちゃうんか〜い！」囁きで絶叫。
「いつも、こう、って……こと？」呟く。
「何やねん、コイツ……」
結局、少し嫌いなまま、西森をフォローから、外す。
僕、西森洋一は、この「何で〜〜！」を見てみたいのです。
おやすみなさい。

印税

やってやるぜ！　計算してやるぜ！　割り出してやるぜ！
今現在、俺様の本は、一万部刷られたんだ！
印税は、刷られた部数の満額が入る契約なんだぜっ。
なんか、ずりぃだろ！

何パーセントかは、言わないぜ！　でも計算すれば自ずとバレるぜ。

野暮なことは、やめてくれよな！

平均すると、一日に「二時間」かけて書いたのさ！
それを、二年半だ。
思い返すだけでも、気を失いそうさ！　俺様は小説家じゃねぇ。　芸人だ。

印税は、九十万円ぐらいだ。

いくぜ〜〜。割るぜ〜〜！

九十万円を、時間で割って、時給を出すぜ〜。

いくぜ〜〜、いくぜ〜〜、いくぜ〜〜。

出たぜ。滞りなく出たぜ〜〜。発表するぜ〜〜。

493円だぜっ！

安いぜ！　内職だぜ！

おやすみなさい。

ゲームセンター

今日の仕事は夜からだ。昼間、冬休み中の六歳ムスメとイオンのゲームセンターへ。

「何回行くねん！」

お？　どっからや？……誰や？

確かに、何度この書き出しがあることか、と恥ずかしくなる。

テレビの収録回数より、イオンのゲームセンターの回数の方が、遥かに多い。

最近のムスメのブームは、ＵＦＯキャッチャー。

ＵＦＯキャッチャーは最終的に高くつくので、やめて頂きたいが、ブームだ。

皿洗いがブームになれば良いのに、と思う。

頻繁に行くので、父洋一の実力は上がっている。

四回目で、ヌイグルミをゲット。かなり早く取れた。

チワワぐらいの大きさの、ピンク色のユニコーンのヌイグルミだ。


ムスメは当然、いつものように大興奮。「うわ〜〜、やった〜〜」言いながら……

慌てて、機械下の取り出し口から、ヌイグルミを奪い取る。

ジュースの自動販売機と同じで、取り出し口には「プラスチックの暖簾《のれん》」が設けられている。

しかし……そんなものはないかの如く、突き指上等で、奪い取った。

ラグビーでスクラムの中からボールを取り出す人に、そっくり。


乱暴。乱暴極まりない。そして、一言。


「満足っ！　帰ろっ！」

はっきり満足と言った。「余は満足じゃ」のやつだ。

「余は満足じゃ」年長バージョン。そして、すぐに帰ることとなった。

帰り際も「パパ～～！　パパ～～！」
『なに？』
「……満足っ!!」　また言うた。
これを何度も繰り返しながら、イオンを後にした。
おやすみなさい。

ゆうさん

ゆうさんが、あなたをリスト「基地外の森」に追加しました。
報告しておきます。
おやすみなさい。

挨拶

今日の昼間、自宅の前で、「二・五メートルのドアの上から助けたおばあちゃん」に遭遇。

あまりにも見かけないので、遭遇という表現が好ましい。

去年のあの事件から今日まで、見かけたのは、たったの一回だけ。

今回が三回目だ。

おばあちゃんは、ゴミを捨てに行くようだ。

僕の家の前を通り過ぎようとしたので……

「こんにちは〜」僕は挨拶をした。

すると、おばあちゃん……特に声を発することもなく、無言。

そして「おう」みたいな感じで、顎《あご》だけで挨拶してきた。

僕は、元気よく、確かに「こんにちは〜」と言った。
おばあちゃん……くっと顎を突き出しただけ。

んんん〜〜〜……挨拶せえ〜!!　ババァ!!

何を全く知らん奴みたいな対応しとんねん。挨拶せえ！
あんなに凄い事件、忘れたんか！　挨拶せえ！
声を出せ！　声を！　声を出して挨拶せえ！
何を一瞬だけ、こっち向いて、顎くっとして、また進行方向に向いとんねん！
挨拶をせぇ〜！　挨拶や！
スタスタスタ〜〜や、あれへんがな！　挨拶せえ！

ワシャ、命の恩人やぞ！　挨拶せえ！

知らん知らん……みたいな感じを、よく出せたな！

ほんま、信じられへんわ！　俺の周りは変な奴ばっかりや！

取り乱しました、すいません。

これから……おばあちゃんとの遭遇は、逐一報告していこう。

おやすみなさい。

マイニング

休み。夜はテンダラーの浜本さんと、共通の知り合いの車屋さんと、十九時から食事。それまでは、僕が子供をみる。

十五時……三人で、またいつものイオンのゲームセンターへ。
マンネリが酷い。
水戸黄門の脚本家でも「そればっかり、もうええわ!!」言うてきそう。

しかし、今日は一大イベントを開催した。
「必殺！　ゲームセンターで百円しか使わせへんで作戦」敢行した。
百円。何をしても、最多で一回しかできない。
ゲームセンターへ入ってすぐ、揉めた。
事前に、百円で終了だと告知はしたが……悪い冗談はよしてくれ！　となり、揉めた。

六歳ムスメ、三歳息子で「ハンガーストライキ」始めかけ。

無理矢理に説得。全く納得していない。「一日持ち帰ります」的な反応。

三歳息子、三百円のゲーム機に百円を投入。ゲーム機に音沙汰なし。

「もしそれがやりたければ……今回も、その次の回も、百円を握り締めたまま帰宅し、その次の回で、満を持して挑むのだ」と、十八歳相手かのように、伝えた。

「自分には、そこまでの忍耐力は無い」とのこと。無念の塊。

背中が哀しい。次のゲーム機への、小走りまで哀しい。

結局、一人百円の追加を許可した。本日一人二百円まで。

ムスメは、ラストゲームを吟味し、慎重に慎重を重ねる。

開発予定地視察ぐらい、ただ見回るだけ。

息子は、メダルゲームを選択し、円からメダルへの変換を要求。

百円で、メダル十五枚になった。少しでも枚数を増やし、時間稼ぎをする計算なのだろう。

ムスメと僕が見つめる中、奮闘。

プラスチック容器の中の、残り少ないメダルを、再三確認。

一枚消費ごとに、嘆き発言。


息子が奮闘している間、ムスメと僕は各々で動けない。よって、傍で見守るしかない。

暇を持て余すムスメ。僕の視界の隅で、見慣れない動き。

画角をムスメの真正面へやると、ゲーム機の下を覗き込み、落ちているメダルを拾い出した。


純粋な貧困。純粋な貧困から来る行動。

見つけ出した一枚を握り締め、僕の元へ駆け寄って来る。

お花畑でスキップの際の笑顔。子供にとっては、油田発見も同じ。

ムスメ、パチンコタイプのゲーム機にメダルを投入。

ボタン押し、パチンコ玉が飛び出す……玉はどこにも入らず、奈落の底へ。

ゲーム機を「バチーン」平手打ち。

千回転ハマり、中年女性降臨。

地面に身体を擦りつけてのマイニングは実らず、一秒で終了。

獲得所要時間の十分の一で、終了。

しかし、次の油田へのフットワークは軽い。すぐさまメダルを見つけ出し、お花畑スキップ。

ルーレットのゲーム台へ投入。……台バチーン。

これを長期に見過ごすと、身体中から貧乏オーラが、漂うのだ。勉強になった。

勉強になっている途中で、息子もマイニングし出した。

目を輝かせて、ゲーム機の底に手を伸ばす、我が子たち。
今日限りで、やめさせよう。純粋な貧困だった。
おやすみなさい。

切れ味は抜群

三歳半の息子が、パンツ一枚で、リビングを走り回っている。
僕の元へ、やって来た。
パンツから、チンコを出すと同時に、「ひょっこりはん！」
なかなかの切れ味。上から出さず、ブリーフを素早く横にずらして、ブリンッ……
「ひょっこりはん！」下書きみたいな、サラサラの薄いチンコが飛び出てきた。
不意を突かれ、僕、爆笑。
使い方は、少し間違っているが、切れ味は抜群。

上から出したときとは違い、横から無理矢理に出すので、チンコにかかる抵抗が大きい。

よって、ブリーフのビキニラインに引っかかったチンコが……

元の位置に戻ろうと、勢いよく返ってくる。

その作用が、まるでチンコに意思があるかのように感じられ……

息子とは無関係の「自我を持った肉棒の相方」と成り代わるのだ。

ブリンッとなり、左右の揺れが収まるまでに放たれる「ひょっこりはん」という台詞。

左右の揺れが収まると同時に言い終わる。

それがまるで、チンコそのものが発言していると錯覚させられ、笑ってしまうのだ。

思わず真剣に解説してしまった。 しかし、意見を曲げる気はなく、そうなのだ。

僕がやったら、グロテスクすぎて、誰も笑わんやろうなぁ。

おやすみなさい。

匿名希望さん

アマゾンでの僕の本のレビューが、荒れている。

本を買っていない人が、5段階の1をつけてくる。

前の炎上のせいだ。


一通り落ち着いたはずだが……新たにまた、書き足されていた。

読んでみる。


匿名希望さん。

星、1。

見出し。

「著者の人柄が悪い」

これは御名答。　そう、僕は特に良い人ではない。　御名答。

二〇一八年一二月二六日のレビューだった。

文面。

『ツイッターで○○○最低な人でした。』

俺のレビュー書いてるやん！　本のレビューの欄に、俺のレビュー書いてるやん！

本ではなくて、西森のレビューが書かれていた。

驚いた。「人でした」で、終わっている。

かなりのアホ。　読書感想文で、著者のことばかり書く奴おらんし。

世界初では、ないだろうか!?　人のレビューが載ったのは。

世界初、西森自体のレビューが、アマゾンに載りました。

ちょっと、嬉しい。　西森の評価、星1、でもちょっと嬉しい。

何日か経ち、今は一月十日。

また見てみた。　世界初の西森という人のレビューは消されていた。

アマゾン側も、びっくりしてすぐ消したと思われる。

おやすみなさい。

林さんとの出会い

今日は、林さんと出会った時のことを書いておこうと思う。
林さんと出会った日のことは、よく覚えている。
十五年ぐらい前だ。
インディーズライブの楽屋だった。
僕とスーパーマラドーナの武智さんで、
ハゲハゲと、半日以上、イジり倒したのを覚えている。

周りの他の芸人たちは、全くイジっていなかった。
不思議な空間だった。

僕の一年先輩の林さんは、その中では、上の方の芸歴。
イジりにくい空気が出ていたのだろう。
林さん自体も、センスあるフサフサとして、振舞っていた。

僕は後輩だったが、出会ってすぐから、半日イジり倒した。

武智さんと二人でイジっていると、林さんは、不思議そうにしていた。

会うたびに、イジっていた。

そこから、約二年経った頃……

ギャロップさんは、テレビに出まくった。

ハゲネタが当たり、関西では、よく出ていた。

ハゲネタをしていなかった人が、やり出した途端、テレビ出まくり。

二年経ち、忙しくなった林さんと、飲みに行ったとき、林さんは言った。

「お前ら、出会ってすぐハゲハゲ言うてイジって来たけど……やっぱり、テレビに出だしたら、上の先輩も、ハゲって、イジってくるわ」

当たり前やろっ！

思った。　そして……

「当たり前やろ！」とも、叫んだ。
そんだけハゲてて、イジらなかったら、先に進めない。
誰でも、イジる。
そんなことがありました。
おやすみなさい。

三歳の悩み

六歳ムスメ、三歳息子を連れ、三人で風呂屋へ。

三人とも、還暦超えのような空気感で、湯船に浸かる。 子供ら二人も慣れたものだ。

子供のくせに、肩まで浸かって「あぁ〜」などと言っている。

すると、真横で湯に浸かる、三歳息子が……

長年の悩みを打ち明けるかのように、口を開いた。

「パパ…… あっくんな…… 幼稚園に行くことになったわ……」

左遷かっ!

それは左遷が決まったときの言い方だ。 会社から、辞令が出たときの神妙さ。

いや、わしが決めたんや！　何を、大きな組織から打診されたみたいに言うとんねん。思うが、そうは言わない。

息子は得体の知れない団体から命令された！　と、本気で思っているみたいだ。遠くの方を見て、決意を固めた目をしていた。覚悟はできているようだ。

通い出しても、どの道、楽しいことの方が多いだろうから、

「ああ、そう」とだけ返しておいた。

おやすみなさい。

焼き魚

今日は特に何も無かった。なので、昔の話を書いておこう。

中学生のとき。中学の何年かは、忘れた。

その日は、学校が弁当の日だった。母・礼子が弁当を作った。

昼、学校で食べようとすると、焼き魚のタチウオが、臭かった。
腐ってはないが、臭かった。タチウオは、全部残した。

その時期、弁当を残しすぎて、よく怒られた。
「贅沢だ」と、よく怒られた。前日も、キツ目に怒られていた。

また、怒られるのは、嫌だ。
家の台所の、三角コーナーに、タチウオを捨てると、バレる。

ゴミ箱でも、バレる。

何かに包んで捨てるという、発想にまで、たどり着かず。

帰宅後……礼子が帰ってくるまでの間に、深く悩んだ。

このタチウオを、どうするべきか。　絶対に、バレたくない。

制限時間が、近づく。もうすぐ、礼子が帰ってくる。

慌てる。思考が停止しかけている。

ほとんど、停止した。

訳が分からなくなって……住んでいる団地の二階のベランダから……タチウオを、外へ投げた。

今でも、なぜ、そんなことをしたのか、よく分からない。

投げるぐらいなら……怒られておけば良い。

今なら、そう思う。

でも、あのときは、タチウオをベランダから、思いっきり投げたのだ。
もう、終わったこと。なにせ、投げたのだ。

海で捕まえてきて、スーパーで売り出し、それを購入して、家のガスコンロで焼き、学校へ持って行って……それを食べず……持って帰ってきて、弁当箱から取り出し、ベランダから投げる。

「張本人のタチウオ」からすれば……「マジか～～」である。

「最後、投擲《とうてき》、かよ～～」である。

投げたあと……ドキドキしながら、僕は再放送のドラマを観ていた。

ほどなくして、礼子が帰ってきた。

「洋一！　また弁当残したやろ？」

『え？　何が？』

この時点でなぜ、弁当を残したことが分かるのだ……と思い、僕は慌てた。

「これ、あんたやろ！」

礼子の手には、タチウオ。

『知らんで』一応、そう言うしか、なかった。

「知らんことあれへんやないの！　道路になんか落ちてるなぁ、思て、近付いて見たら……お母さんが朝焼いた、タチウオやないの。こんなことすんの、あんたしか、おれへんわ」

タチウオは団地の中庭を越えて、表の車道まで届いてしまっていた。

行方を確認しなかったので、そのことを、ここで知らされた。

『ごめん』

「どうしたん、これ?」

『え?　別に……』

「別にて……あんた、もしかして……ベランダから、投げたんか?」

『え?　うん……』

「誰かに、当たったらどうすんの?」


と、怒られた。そりゃあ、怒られる。

「こんなことすんの、あんたしか、おれへん」という言葉を、今でもハッキリと覚えている。


というか、その頃の親が持つ、僕のイメージがヤバイ。

「ベランダからタチウオを投げても、おかしくない奴」という、イメージ。


どえらい、中学生だ。

誰かに当たったらどうするの？　確かにそうだ。
しかも、焼き魚。

歩いていて、空から焼き魚が、飛んでくる。
そして、それが、顔に当たる。

「ベチーン」たぶん、ベチーン、と鳴るはず。

ただでさえ、ビックリする。当然、野球のボールだと思う。
しゃがみこんで、頭を手で覆う。そして、ゆっくりと我にかえる。
顔に当たり、地面に落ちた物体らしき何かが、足下に。
不思議に思いながら、手に取ろうとする。
が、ベチョベチョなので、気持ち悪い。
何か分からない、ベチョベチョな物。当然、手に取るのは、やめる。

うんこ座りで、顔を近づけ、よく見てみる。ここで、やっと……

「……や……き……魚……??」

この一連……パブリックビューイング、したいものです。

こんなことが、昔ありました。

おやすみなさい。

松ぼっくり

今日の仕事は夜遅くから。　昼間、子供と公園で遊んだ。
遊んでいると、三歳息子がジャンバーのポケットから、
ビー玉サイズの松ぼっくりを出し、僕に渡してきた。

全部で三つ。
その三つは、それぞれ、パパ、ママ、お姉ちゃんの分だと説明される。

自分の分はあるのか、聞いてみた。
自分の分はこれだ、と反対側のポケットをゴソゴソ。

反対側のポケットから「石」出てきた。

石の方が、価値があるようだ。　そして、なかなかの切れ味でもあった。

プッと、なってしまった。


小さな松ぼっくりを、三回連続でポケットから出す。

それにより、松ぼっくりのみがポケットに入っていると、相手に思い込ませる。

そして、それと同時に、他の家族の分をポケットに所持するという優しさをチラつかせ……後にオチが待っているなど、微塵も感じさせない。


親としては、子供は強欲だから、自分の分の松ぼっくりは巨大なのが出てきて、

「うわ〜、大きいなぁ」と言う、準備にかかる。

付け加えたとしても「うわ〜、大きいなぁ、ほんで自分のだけ、大きすぎるやん！」ぐらいだ。

そこへ来て、出てきたのは、石。

もう、植物でもない。ポケットに入り、価値があると勝手に査定された、石。

予想外とは、このことだ。


かけ離れていたとしても、せめてミニカーぐらいだと思う。

こちら側が、見慣れたミニカーであれば、いつか入れたものが入ったままになっ

ていたのだ、と納得する。
だが、しかし…… 出てきたのは……石。
なかなかの切れ味だった。
また、真面目に解説してしまった。
おやすみなさい。

「え〜〜」

な〜んか変な感じやなぁ、とは、思いました。

三重県で漫才。ツーステージの一回目。な〜んか変な感じ。

終わって、喫煙所でタバコを吸っていると、後輩が興奮気味にやってきた。

「さや香《か》」の新山《にいやま》だ。

「西森さん！」新山に呼びかけられたのは、初めてだ。声が大きい。

俺の方が先輩やけど、怒られるんかなぁ？……ちょっと思う。

「さっきの一回目、トップのコンビも結婚式のネタで、僕らも結婚式のネタで、その次のモンスターエンジンさんも結婚式のネタやったみたいです!!」

『え〜〜〜！』ところ構わず、雄叫びが出た。

最悪だ。大失態。

三組連続。しかも込み入った内容のネタ。

数多《あまた》ある題材の中から、結婚式をチョイス。恥ずかしい。


三組目の僕らのとき、お客さんはどういう心境だったのだろう？


「え？　また？　わざとか？」思ったに違いない。

「これはなんや？　今日はあれか……結婚式ネタ大会か？」思ったに違いない。

「このまま、新喜劇まで、結婚式の話やったら、ワシは嫌やなぁ！」思ったに違いない。

「平然と普通の顔して、なんやコイツらは？　どういうつもりや！　野次ったろか！」思ったに違いない。

「公演の最後に、どの『結婚式ネタ』が良かったですか？　言うてきよるでこれ！それかアンケート配りよるで！」思ったに違いない。


思ったに違いない。恥ずかしかった。

おやすみなさい。

「白湯《さゆ》」みたいな工作には、興味がない

ムスメがプラバンで、キーホルダーを作りたいと言い出した。

プラバンとは、プラスチックの板だ。百均などで売っている。

ハサミで、好みの大きさに切り、マジックで絵を描き、オプションで色を塗ったり。

それを、トースターで焼くと固くなる。アホほど縮んで固くなる。

それに金具などを付けて、キーホルダーに仕上げるのだ。


大したテクニックを必要としない、白湯みたいな工作だ。


何日か前にも、ヨメとやっていた。

僕はそのような簡単な「白湯」みたいな工作には、興味がない。なのでノータッチ。

以前やった、レジンという液体を紫外線で固めてキーホルダーを作るという、「レッドブル」みたいな工作のときは、僕が担当した。

レジンの工作セットも家にある、にもかかわらず、ムスメは白湯を選択。
前に購入したプラバンが、八割方残っているはずだった。
しかし、どこにあるか、見当もつかないらしい。
どうでもいいが、一応、プラバンを探させる。出てくるな！　思いながらも探させる。
見つかる確率を下げるため、僕はベランダへ、タバコを吸いに。
タバコから、帰ってくる。棚をガシャガシャやっていたムスメが、振り返る。
見ると……ムスメは、ガッチリ厚化粧をしていた。
「なにしてんの!?」
『うふふふふ』
「プラバン探してたんちゃうの!?」
『うふふふふふ』

探すよう命令。

「やるんやろ？　パパは別にせんでもええんやで！」

『やる〜〜。前はな〜、ここに置いてて〜ん』

「ほな、その辺り探し！」


リビングに置いてある小さな自分の勉強机を、ゴソゴソ探し出した。

見つかってほしくないので、僕は寝転んでテレビを観る。

『パパも一緒に探して〜〜』言っているが……

前に使ってないので、場所が分からない、という理由で遠慮した。


ものの一分ほどで、諦めムード。


「あったか〜？」どうでもいいが聞く。

『無い〜〜〜』言いながらムスメが振り向く。

さっきよりも、化粧が濃くなっていた。さっきは無かった、口紅がべっとり。

「なにしてんの!?」

『うふふふふ』

「プラバン探してたんちゃうの!?」

『うふふふふ』


これを、あと二回繰り返して、終わり。

その後……ムスメは……

一言も、プラバンの「プ」の字も、発さなかった。


どういうことなのか、全く分からん。自分で振って、自分でボケていたことは確か。

なにせ、四回もしたから。

探すフリをして化粧をするボケを四回。


将来有望かも。

おやすみなさい。

公園のおばちゃん

朝九時半、仕事へ行くため、家を出る。
徒歩で駅までの途中……公園でおばちゃんが、一人でブランコしてた。
朝から……一人で……。推定五十歳。公園には、そのおばちゃんしかいない。
座ってはいるが、激しく漕いでいる。ほとんど『ハイジ』のオープニングだ。
なぜ朝から……。どういうこと？　日記をつけてから、こういうのが特に気になる。
仕事がなかったら、公園に入って、様子をうかがっているところだ。
惜しみながら、仕事へ。

おやすみなさい。

上田歩武

僕は結婚する前……同期の「グッドウォーキン上田」と住んでいた。

上田は最近、刺繍《ししゅう》芸人として、フィーチャーされている。

本名、上田歩武《あゆむ》。「歩く」に「武士の武」で「歩武」。

若い時分は武の道に生き、晩年は公民館で子供たちに無償で柔道を教え、最後はチンピラのリンチの仲裁に入り、刺されて死んでしまいそうな、名前。

「弱きを助け強きをくじく」を地でいきそうな名前。

しかし上田は、「根暗、陰気、幸せを吸い取る妖怪」と表現されるような人物だ。

不思議なのが、嫌われている訳ではない。むしろ、皆から好かれている。

にも拘わらず、紆余曲折《うよきょくせつ》あって最終的に「カラス」と呼ばれていた。

好かれているのに「カラス」。なかなか、トリッキーな人物だ。

歳は僕の二つ下で、NSC二十三期の同期。　痩せ型。　顔は鳥。
その頃、お笑いの仕事は、ほぼゼロ。
現在の顔は、鳥顔のオバちゃん。　たまにいる、オバちゃんに寄っていく男だ。
ウジウジしている「人間と鳥のミュータント」と、思って頂ければ幸いです。
当然、ミュータントですが、上田は飛べません。

内面的には、突然変異のバク。
寝ているときの、夢を食べるバクとは違い……人のポジティブシンキングを食べる。
そして、咀嚼《そしゃく》するだけして、飲み込まずに、吐き捨てる。
「食べへんのかいっ！　噛み砕くだけかいっ！」となります。
自分にも取り込まず、捨ててしまう。

世の中から、ポジティブが少し減るだけの作業を行うバク。
内面は、そんな感じ。

そんな上田と、二年ほど、ルームシェアをしていた。

上田は、もう、それはそれは、頻繁に風邪を引きましたよ。
最低でも二ヶ月に一回は、引きましたよ。最低でも一年で十二回以上です。
玄関のドアを開けてすぐが、リビングダイニング。
それの両サイドがそれぞれの部屋で、正方形を三つ、横に並べただけの間取り。
玄関から見て……リビングダイニングの奥が台所、玄関側に共用のテレビ。

なので、帰宅し、ドアを開けると……
だいたいはテレビを観ている上田と、向かい合わせになり、目が合います。

僕……帰宅……ドア……ガチャ……。

「風邪、引いたわ～」
『え？　また？　治ったばっかりやん……』

何度このやり取りをしたことか。
笑わそうとしているのか？ と思うほど頻繁だった。
お金無さすぎて、ナチュラルキラー細胞、質に入れたんか？　思うほどだ。

今も貼ってるその冷えピタは、ケース買いしてんのか？　思うほど。

しかし、どうあれど……「歩く」に「武士の武」で、歩武。


僕……帰宅……ドア……ガチャ……。


「ゲーム買ったで～」

『そうなん、また買ったん。どんなん？』

「あのな～……」


何度このやり取りを、したことか。

上田は、ことある毎に、中古で百円のプレステのソフトを買ってきます。

そして、既にプレイしています。

既にプレイしているところに、なぜか毎度、僕が玄関から現れる。

上田は、ちゃんと働いているが……

実家暮らしニートの空気を、部屋中に充満させるのが得意だった。

履歴書の特技の欄に、書けるほどだ。

僕……帰宅……ドア……ガチャ……。

「ゲーム買ったで～、風邪引いたわ～」

ダブルもあった。

今、思い出せば笑えるが、そのときは、

「凄まじいほどに、カラス」としか思わなかった。

しかし、どうあれど、「歩く」に「武士の武」で歩武！

特に喧嘩することもなく、楽しく過ごした。

そして、二年ほど経ち、お別れのときが来た。

僕がそのときの彼女（今のヨメ）と大声で喧嘩しすぎて、大家から出て行けと言われ、引っ越すことに。

確か僕が三十一で、上田が二十九。


上田には悪いことをした。

その頃の上田は、アルバイトのみで生計を立てていて、著しくお金がない。

僕は、お笑いだけで食えていて、お金には困っていなかった。


しかし、お互いの漫画を、古本屋へ売ることに。 僕は、全く売る必要は無かった。


が……詰んでいるのに、何とか足掻こうとする、小六の顔面でカラスが……

「もう、二人ともの漫画を処分して、引っ越し資金にしよう……」

『え？ あ……おう……』

と、巻き添えをくらい手放した。 申し訳なかったので従った。


僕が売った漫画の方が遥かに多かったが、申し訳なかったので、代金は折半。


結局二人とも、五百メートル圏内に、お引っ越し。

僕は、オーソドックス業者引っ越し。

上田は、後輩芸人に手伝ってもらい、自力引っ越し。

上田の新居は、そのときのシェアハウスを出て、左へ、ま〜っすぐ五百メートル行ったところ。

家の前は幅の広い一方通行で、上田の新居は、そのアメリカの砂漠の直線みたいな道を、ただただ、真っすぐ突き進んだところだった。


確か上田が先に引っ越した。

上田の引っ越し前日、玄関に台車が置かれていた。

両手で押すU字のバーが無い、ただのプラスチックの板に、キャスターが四つ付いただけのもの。

プラスチックの板面積は、大喜利のときに使うフリップほどだ。バイト先で借りて来たらしい。


次の日。

どこの誰か全く分からない、一度も見たことのない、もしかすると、そこら辺の道端で声をかけたような後輩芸人を、上田は連れてきた。

しかも、その一人だけ。

僕は家にいた。なので、自己紹介された。

「上田さんの引っ越しで来ました、〇〇の〇〇です」

いや、誰やねん！と、強めに突っ込むのを我慢し、「西森です」だけで留めておく。今でも、どこの誰か、全く思い出せない。

僕と上田が、共通で仲の良い後輩は、山ほどいる。しかし、初対面の知らない後輩がやってきた。

底面だけのプラスチックの台車で、引っ越しを試みようとしているのを、よく知る後輩に見られたくなかったのではないか。と思う。

僕は、ほとんど手伝わなかった。

あまりにも手作業による引っ越しだったので、引いていたのだ。

食えていて、お金がそこそこある若手芸人が、自力引っ越しをすることは多かった。

しかし、それは……業者から住所が漏れるの避け、なおかつ後輩にバイト代を多めに支払い、食わせてやるためだ。
とても、一石二鳥だからだ。
その場合は、シロートながらも、トラックを用意したりもする。
結局、かかるお金はそれほど変わらない。　後輩が少し潤う程度だ。

しかし、上田。　全く知らない後輩を一人だけ連れてきた。
バイト代を、ケチる気なのかも……
どちらにしろ、その後輩にバイト代の相場は、分からない。
もらえること自体を、知らないかも知れない。　僕は特に口を出さなかった。
最後に、上田からの「ありがとう」だけで終わっている可能性もある。

しかし僕は、特に口を出さない。

そして、「歩く」に「武士の武」で歩武！　そこだけは確実。

本格的に自力引っ越しが始まった。　ほぼ手伝わず見ていた。

全く知らない後輩は、全く楽しそうではない。上田も後輩も、残業のテンション。

「あれを先に運んで、それは後で!」など、段取りをやり取りしている。

何をどうしようが、大喜利フリップ台車が一つだけでの移動だから、苦しいのは確定。


上田は、中にバネの入った、ガッチリマットレスを使用していた。

さすがにこれは、僕も手伝うことにした。

マンションは五階建てで、エレベーターは無い。僕らの部屋は四階だ。しかも階段は、人と人が行き違えないほど狭い。

夜逃げだったら失敗するぐらい、時間がかかった。


一階に着いた。そこからは三人も要らないので、手伝わない。

上田と、知らん後輩に任せる。僕はマンションを出てすぐのところで見守る。

大喜利のフリップ程度の面積の「持つところ無し台車」に、ドデカいマットレスをのせた。

笑いたい！　思いっきり笑いたい。　それで五百メートルも行くのか？
笑いたい！　けど我慢。

毎日やっているみたいに、のせた。

笑いたい。やめてくれ！　その残業風の空気感。　我慢できないではないか！
悲しそうな顔で作業をするな！
ジャコウの要塞の地下で丸太をぐるぐる回して発電してる奴か！

歯を食いしばって、我慢。
僕のせいで上田は、こんな引っ越しをする羽目になった。
申し訳ない。　ここは我慢だ。

押そうとしている。
積み込み完了といった感じで、何も疑うことなく、押そうとしている。
平成とは思えない引っ越し。
マットレスを台車にのせているが、真ん中だけ支えているので……

たわんで両サイドが、道路に触れている。清潔であればあるほど良いマットレスが今、地面を擦りながら、運ばれ出そうとしている。

「いけるかっ？」『大丈夫です！』

喋るな！　笑けるやろ！　ほんで大丈夫ちゃうわ！　着く頃には角が無くなるぞ？　思うが、見守るだけにする。

僕のせいで、こうなった。だから見守る。

百メートルほど進んだ。僕は依然、マンション前で見守る。もう、見る必要は無い。分かっている。でも見たくて仕方がない。

遠いところからの方が、笑けてくる。

まだ部屋には山盛りの荷物がある。これ……何往復するんやろ？　思いながら見る。

ボブスレーを押すときの体勢で、運んでいる。
しかし、進む速度は「速い蟻《あり》」ぐらい。
残り四百メートル。　欲張って、ゴミ袋に詰め込んだ洋服も抱えている。
自転車のカゴに入れて運んだ方が速いやろ！　叫んでも良かったが、黙って見守る。
二百メートルぐらい進んだ。
アメリカの砂漠の直線みたいだから、着くまでずっと見ることができる。
休憩してる。
こっちを見るな！　笑けるやろ！　そこまで聞こえる声で、笑ってまうやろ！
見るな！　我慢できないではないか！
三百メートルぐらい進んだ。　かなり二人が小さくなった。
小さい方が、断然おもしろい。

ほとんど喋らず、悲しい顔して運んでいると思うと、笑けてくる。
かなり小さくだが、見えている。
マットレスが、道路にバターン、なった。
絶対なると思ってたけど、笑けてくる。
もう笑っても良い距離だが、我慢。僕のせいでこうなったから、人として我慢。
再度、積み込み作業してる。もたついてる。というか、ゴミ袋を一旦置けよ！
片手では無理やから！
二人とも、ガリガリやろ！　腕が細いことを、自覚しろよ！
行った、行った。曲がった。見えなくなった。
その後も、マンションから運び出す度に、見守った。
しかし、マットレスよりエキサイティングな荷物は無かった。

アスファルトが黒で、マットレスが白だったので、非常に見やすくて良かったです。

おやすみなさい。

どうでもいいこと

どうでもいいことが、頭から離れない。日記のせいだ。

国道脇の歩道を、歩きながら友達二人に、マジックを披露する青年がいた。

「そのカード覚えといてや！」言うていた。どこでやっとんねん。

福島区の、川にかかる橋の下り道、自転車で下っていると……

前から、ヒュー・ジャックマンみたいな欧米人が、レイバンのサングラスして……

坂道を、ママチャリで立ち漕ぎして、上ってきた。

こういうのが意外と、記憶にこびり付いて、取れなかったりする。

「何でや？」『……弱いから……』…………覚えている。

「あそこやったら、毎日、行ってもええわぁ」…………覚えている。

「29」の9を、8になるように、足りない部分をグニュっと付け足して書いたら……

「そんなんは、無理なんで」と、怒られた。………覚えている。

見られたくないので、ジャッキー・チェンばりに飛び移りました。………覚えている。

『このままで、よろしいですか？』ええ訳ない。…………覚えている。

『二階から投げたら、ええんちゃう？』ええ訳ない。…………覚えている。

「前も、違う階に行った方がいまして、最後の免許の受け渡しができなかったことがあります」しつこいなぁ。俺たちは今！　ここに居る！　…………覚えている。

ヨメが、豆をザトペック投法で投げてきた。…………覚えている。

みんなは、てっきり携帯電話の充電器だと思っていたらしく……

めちゃくちゃ引いていたわ。…………覚えている。

『愛のメモリー』を歌われた……82点だった。…………覚えている。

大林、「…………病気やねん…………」普通に説明。…………覚えている。

『コゲ、コゲ』…………覚えている。

西森が一人で街ブラ？　需要がない。…………覚えている。

「木村」…………覚えている。

「大丈夫です！　親子喧嘩なんで〜〜！」…………覚えている。

「そうかぁ。まぁ、でも、一緒に走られへんねんやったら、やめとこうかなぁ」

いや、どんだけ一緒に走りたいねん！　…………覚えている。

「てんとう虫」…………覚えている。

そして、ケツ毛を抜いて空中に「ファッサー」して去っていく。…………覚えている。
だから俺は、カツオのタタキは嫌いやねん。…………覚えている。
そのバカ犬の横で……内藤君がムシャムシャ食べ出した。
お前が食うんかいっ!!　…………覚えている。
「ハゲっ！」『そうやな！』…………覚えている。
ターミネーターでも「過ごしやすいなぁ」と呟く季節がやって来ました。…………
覚えている。
「凪咲〜、そんなネタなら、付き添わなかったよ〜」…………覚えている。
ページを分けずに「南天のど飴」で良かったと思う。…………覚えている。
「また、お越し暮らし、暮らし、暮らしませ〜〜」…………覚えている。

「オッケーグーグル、三月十四日のなんばグランド花月の出番は？」………覚えている。

「反射神経には感謝やけど！　めっちゃ痛かった～」………覚えている。

聞いた話を後日、本人に熱弁して、終わったらすぐ消える妖怪か！　……覚えている。

くす玉、割れて、中から「笑いをありがとう」の垂れ幕、出てきた。……覚えている。

手の平サイズの保冷剤を、ハンカチで包んでから、コメカミに当てていた。………覚えている。

話を聞け、ハゲ！　………覚えている。

夜中に投球練習するおじさんが、二人になった。………覚えている。

「どう？　ドングリと木の皮、使ってる？」………覚えている。

喋り出して数秒で、ピラミッドの話をしていた。…………覚えている。
土日は、厚化粧で、ポールダンサーしているようだ。…………覚えている。
お面は外さず、西森さんはミスターメタリックで、
「私が自分で用意して来た、お面を被ります」という人まで。…………覚えている。
「退屈〜〜〜〜！」…………覚えている。
「ドネシア、って…………何？」…………覚えている。
白色ホワイトさんが、あなたを……リスト「糞みたいな奴」に追加しました。
…………覚えている。
ワインを一本だけ買った。……箸ついてた。…………覚えている。
493円だぜっ！　安いぜ！　内職だぜ！　…………覚えている。

挨拶せえ〜!!　ババァ!!　…………覚えている。

ルーレットのゲーム台へ投入。……台バチーン。…………覚えている。

うんこ座りで、顔を近づけ、よく見てみる。「…や…き…魚……??」……覚えている。

「さっきの一回目、トップのコンビも結婚式のネタで、僕らも結婚式のネタで、その次のモンスターエンジンさんも結婚式のネタやったみたいです!!」………覚えている。

公園でおばちゃんが、一人でブランコしてた。…………覚えている。

「いけるかっ?」『大丈夫です!』

喋るな!　笑けるやろ!　ほんで大丈夫ちゃうわ!　…………覚えている。

おやすみなさい。

息子からの手紙

三歳半息子は、既に小さなヤンキーだ。
グレることを可能にするほど、ガタイが良くないだけで……小五にもなれば……
キッチリと、ヤンキー語録だけを発し、喧嘩に明け暮れるだろう。
なぜそう思うか。それは、なにせ曲げないからだ。
自分がこうだ、と思ったら何が何でも、自分の否を認めない。
つい先日、部屋で息子と、キャッチボールをしていた。
僕が投げたボールが、息子の顔面に当たった。なかなかの勢いで当たった。
かなり痛そうだった。
しかし、泣かない。即、泣いてもいいような激痛のはず。しかし、泣かない。
優勝したお相撲さんみたいに、歯を食いしばり、泣くのを我慢している。

そして、こちらを睨《にら》んでいる。

当然、僕は、わざとやった訳ではない。しかし、こちらを睨み続けている。

「大丈夫か？　ちょっと休憩するか？」聞くが、息子は何も答えない。

すると息子は、ゆっくりと歩を進め、ボールを拾った。

そして、先ほどまでの三倍の球速で、僕の顔面を狙って投げてきた。

びっくりした。やめさせようとする。

「パパ、わざとしたんちゃうやん！　あっくんが取れへんから、顔に当たったんやろ！」

息子は、何も言わない。瞼《まぶた》に黒目がめり込むほど、睨んできている。

僕、普通に返球。すると息子、またも僕の顔面を目掛け剛速球。

そこから十回ほど、全力で僕の顔面を狙ってきた。

怖い。その、気に入らないものは全て排除する感じ……怖い。

絶対に、ヤンキーになる。

そして今日の夕方。

息子から手紙をもらった。

息子が口頭で述べたものを、姉である六歳ムスメが、綴ってくれたのだ。

息子は、まだ字を書けない。なので二人で協力してくれた。非常に嬉しい。

読んでみる。

パパいつも、ありがとう。　あっくんよりも、つよいね。
パパだいすき、ありがとう。　パパまた、おてがみちょうだいね。
また、おもちゃかってね。　また、かたぐるましてね。
パパ、ちからつよいね。
さんがつついたち、どらえもんのえいが、いこうね。
また、かいゆうかん、いこうね。

あっくんより。

ところどころに、自分より力が強い僕への「嫉妬」が混ざっている。
冒頭の文。
『パパいつも、ありがとう。　あっくんよりも、つよいね。』
二言目からもう、強さについて書かれていた。

『また、かたぐるましてね。　パパ、ちからつよいね。』
三歳の子供の手紙に「強い」という言葉が二回も入っている。　とても不自然だ。
普通は「力持ちのパパが、大好きです。」などではないのか？
それをうちの息子は「パパ、ちからつよいね。」ときている。
今はまだ敵《かな》わないけど……というニュアンスを入れている。　恐ろしい。
絶対に、ヤンキーになる。　確定だ。
おやすみなさい。

あとがき

だから、本は貸したらアカンって。みんな、すぐ貸すからなぁ。
貸さずに、新しく買ってプレゼント!!

ほんで、プレゼントされた人が、
「面白かったなぁ、他の人にも読んで欲しいなぁ」
となったら、また新しく買ってプレゼント!!

これの繰り返し!!

そうすると西森にお金が入る……余裕が出来る……執筆にも意欲が出る……次の本も売れる……狭い家から引っ越す……タワーマンションの最上階に住む……毎日そこから人を見下す……偉そうになる……人でなしになる……仕事がなくなる……人もいなくなる……一人になる……残った資金で田舎に引っ越す……なんとなく畑を始める……命の大切さに気付く……今までを反省する……畑にのめり込む……土

を耕す……土を耕す……土を耕す……土の中から捨てられたこの本が出てくる……
読んでみる……読み終わって人に貸す。
となりますので、宜しくお願いします。
プレゼント用としても、お使い下さい。
おやすみなさい。

本書は、2017年12月〜2019年2月の日記の一部を抜粋し、
加筆・修正したものです。

西森洋一
にしもり・よういち

1979年、大阪府東大阪市生まれ。お笑いコンビ、モンスターエンジンのボケ担当。2016年の元日から日記をつけ始める。毎月1回、1ヶ月分の日記を朗読する「日記ライブ」を開催中。2017年、「モノづくり東大阪応援大使」に就任。

YouTube 「モンスターエンジン西森チャンネル」
Instagram @nishimori_monster
Twitter @2431ae86

超人間観察

2019年11月10日 初版発行

著者	西森洋一
発行人	松野浩之
編集人	新井治
デザイン	武藤将也(NO DESIGN) 菅原慧(NO DESIGN)
DTP	鈴木ゆか
撮影	さわいゆき
編集	南百瀬健太郎
マネジメント	中川天
営業	島津友彦(ワニブックス)

発行 ヨシモトブックス
〒160-0022 東京都新宿区新宿5-18-21
☎ 03-3209-8291

発売 株式会社ワニブックス
〒150-8482 東京都渋谷区恵比寿4-4-9えびす大黒ビル
☎ 03-5449-2711

印刷・製本 株式会社光邦

ISBN 978-4-8470-9842-0 JASRAC出1911031-901